I0630432

LES CLASSIQUES DE L'INDE ANCIENNE

LES STANCES

Érotiques, Morales et Religieuses

DE BHARTRIHARI

traduites du Sanscrit

PAR

PAUL REGNAUD

Membre de la Société Asiatique.

Humani nihil alienum.

➤➤⊂☰⊃◄◄

PARIS

ERNEST LEROUX, ÉDITEUR

LIBRAIRE DES SOCIÉTÉS ASIATIQUES
DE PARIS, DE CALCUTTA, DE NEW-HAVEN (ÉTATS-UNIS)
DE SHANGHAÏ (CHINE).
28, RUE BONAPARTE, 28

1875

LES CLASSIQUES DE L'INDE ANCIENNE

LES STANCES
Érotiques, Morales et Religieuses

DE

BHARTRIHARI

IMPRIMERIE EUGÈNE HEUTTE ET Cie A SAINT-GERMAIN.

LES CLASSIQUES DE L'INDE ANCIENNE

LES STANCES

Érotiques, Morales et Religieuses

DE BHARTRIHARI

traduites du Sanscrit

PAR

PAUL REGNAUD

Membre de la Société Asiatique.

Humani nihil alienum.

PARIS

ERNEST LEROUX, ÉDITEUR

LIBRAIRE DES SOCIÉTÉS ASIATIQUES
DE PARIS, DE CALCUTTA, DE NEW-HAVEN (ÉTATS-UNIS
DE SHANGHAÏ (CHINE).

28, RUE BONAPARTE, 28

1875

PRÉFACE.

L'importance, au point de vue de la science du langage, de la philosophie et même de l'histoire à l'état inorganique, des monuments de la littérature indienne, surtout de ceux qui remontent à l'époque védique, n'est plus aujourd'hui révoquée en doute par personne; mais s'ils marchent incontestablement de pair sur ce terrain avec ce que l'antiquité classique nous a légué de plus précieux, il serait téméraire de risquer la même affirmation relativement à leur valeur littéraire. Il est non moins certain, qu'à cet égard, les meilleurs ouvrages sanscrits ne sauraient être comparés aux chefs d'œuvre de la Grèce et de Rome. Non-seulement le caractère spécial de la civilisation de l'Inde s'est opposé à l'éclosion de l'éloquence en

général et de l'histoire oratoire et philosophique ; non-seulement les bords du Gange
n'ont vu naître ni de Démosthènes, ni de
Thucydides, ni de Cicérons, ni de Tites-Lives,
ni de Tacites, mais, même dans les genres
qui se sont développés parallèlement de part
et d'autre, l'avantage est toujours resté aux
occidentaux, et Vâlmîki est aussi loin d'Ho-
mère que Kâlidâsa de Virgile. Cependant et
sans entrer dans un examen détaillé de la question qui m'entraînerait trop loin, je ne crois
pas me tromper en disant que la littérature
sanscrite classique est de toutes celles qu'a
produites l'Orient la plus digne à tous égards
d'être connue de nous. Elle est riche, variée
et originale ; elle est l'expression de la vie
intellectuelle d'un peuple dont l'origine est
la même que celle des nations de l'Europe ;
elle embrasse dans son vaste développement
une longue suite de siècles ; elle nous révèle
toute une forme de la civilisation humaine
qui nous serait inconnue sans elle. J'ajoute
qu'indépendamment de ces côtés si divers
par lesquels les ouvrages sanscrits sont en
mesure d'intéresser même ce qu'on est con-
venu d'appeler le grand public, ils présen-
tent assez d'agrément, et j'oserai dire de
beautés, pour flatter le goût des dilettantes,
assez de traits caractéristiques et de particu-

larités inédites pour stimuler l'appétit des curieux et assez de similitudes ou de contrastes avec les productions littéraires de l'Occident pour agréer aux critiques. Je ne parle pas des savants, des philosophes et des littérateurs de profession pour qui tous les fruits de l'intelligence humaine sont à ce seul titre profitables et remplis d'enseignements.

Ce n'est donc pas, ce me semble, me proposer une tâche vaine et stérile que de vouloir mettre à la portée de tous la fleur d'œuvres si dignes d'attention, d'étude, et parfois même d'admiration. Celles, du reste, que j'ai l'intention de traduire, ou ne l'ont pas encore été en notre langue, ou attendent encore pour la plupart, malgré les travaux dont elles ont fourni la matière, un introducteur auprès du public lettré proprement dit. J'entends que ces traductions ont été faites sur des textes insuffisants et fautifs, quand elles ne sont pas défectueuses au point de vue de la fidélité et du style, ou trop exclusivement scientifiques et dans des rapports de vassalité trop servile à l'égard de la linguistique et de la philologie.

Est-ce à dire que j'aie l'intention de sacrifier l'exactitude à l'élégance ? Rien n'est plus loin de ma pensée. En allégeant, autant que possible, mes traductions de tout appareil érudit, en donnant dans la mesure où elle le

comporte un tour moderne et occidental à
la phraséologie indienne, j'ai le ferme désir de
n'omettre aucun trait essentiel et caractéris-
tique des originaux. Je veux rendre tout entière et avec sa couleur propre la pensée de
mes auteurs, mais en m'imposant en même
temps la loi d'essayer de plaire. En résumé,
si j'atteignais à mon idéal, l'indianiste pourrait me consulter avec confiance et le lettré
ne serait pas rebuté par un style qui, sous
prétexte de littéralité absolue et d'exégèse
grammaticale, encourrait à juste titre le re-
proche d'être incorrect, diffus et obscur. Tel
est mon dessein : les critiques qui daigneront
s'occuper de mes travaux verront si j'ai réussi
dans une certaine mesure à le réaliser en ma-
riant l'agréable à l'utile, bien qu'en pareille
matière cet antique problème soit aussi difficile à résoudre que de s'asseoir sur le tranchant d'un glaive, pour me servir d'une comparaison un peu hyberbolique, empruntée
au poète que je présente aujourd'hui à mes
lecteurs, — Bhartrihari.

Qui était-il ? D'où était-il ? A quelle époque a-t-il fleuri? sont trois questions auxquelles il est également difficile de satis-
faire d'une manière précise dans l'état actuel
de nos connaissances sur l'histoire littéraire

de l'Inde ancienne. Il y a bien une légende
qui répond à tout. A l'en croire, Bhartrihari
aurait été le frère et le prédécesseur du célèbre Vikramâditya qui régnait à Ujjayinî,
capitale du royaume d'Avanti ou de Mâlava,
situé dans la partie nord-ouest de l'Inde,
vers l'an 56 avant J.-C. Mais pour admettre
ces données, il faudrait bouleverser tout ce
qui est considéré comme acquis sur la chro-
nologie littéraire de l'Inde. En s'appuyant
sur les dates généralement admises, deux
circonstances s'opposent absolument à ce
qu'on fasse remonter les stances attribuées à
Bhartrihari, du moins dans leur ensemble, à
une époque aussi reculée que le premier
siècle avant l'ère chrétienne : c'est le caractère souvent très-artificiel du style dans lequel elles ont été produites et l'état d'avan-
cement des doctrines védantiques, telles
qu'elles sont exposées dans les distiques religieux de notre poëte. Il semble impossible,
en effet, à en juger par ces indications, de
considérer comme contemporaines des grands
poëmes épiques, d'un style en général fort
simple, ces stances écrites avec tant de re-
cherche, et même d'en fixer la composition à
une époque précédant celle où vivait le
grand organisateur du védantisme, Çankara
Achârya, c'est-à-dire au VIIe ou au VIIIe siècle

avant J. C.; et contrairement à ce que j'ai avancé dans mon *Étude sur les Centuries de Bhartrihari*, où je croyais pouvoir en limiter la date entre le iie siècle de notre ère et le ve, je serais tenté de la placer maintenant entre le viiie et le xe, au moins pour la première centurie et la troisième.

Si le style de Bhartrihari fait souvent la part trop large aux jeux de mots de toute espèce pour ne pas nous obliger à regarder les petits poèmes qui portent son nom comme d'une époque assez basse, la pensée est heureusement restée chez lui plus naturelle que l'expression. Les trois catégories de distiques dans lesquelles il a tracé de brèves images s'appliquant aux faces diverses de chacune de grandes divisions de l'activité de l'homme — le plaisir et l'amour, la conduite civile et les rapports sociaux, les spéculations religieuses et le souci des choses d'outre-tombe — sont semées d'idées gracieuses, justes, profondes, et quelquefois sublimes.

Bhartrihari n'est pas moins remarquable par la variété et la vivacité de ses tours. Chose rare dans l'Inde, le poëte qui obéit aux mouvements spontanés de la pensée et dont l'émotion ou la passion guide la plume perce souvent chez lui sous le versificateur occupé d'allitérations puériles ou de comparaisons dont la rhétorique fait tous les frais.

La chaleur et le naturel de nos stances résultent d'une disposition d'esprit particulière à l'auteur. Il a pris la vie terrestre au sérieux et n'a pas dédaigné d'observer les choses humaines. La plupart des autres poëtes sanscrits sacrifient tout à l'idéal ou plutôt à l'imaginaire ; le nôtre a eu souci de la nature et de l'homme. En le lisant, on prend à quelques égards une idée assez précise et assez diverse de l'aspect et surtout des mœurs de l'Inde vers les premiers siècles du moyen âge. Son œuvre nous est d'autant plus précieuse que de tels renseignements sont plus rares dans la littérature indienne.

Ces divers titres ont valu au petit livre de Bhartrihari une quasi popularité en Europe, du moins auprès des indianistes. Le texte de ses trois séries de cent distiques (1) chacune a été fréquemment édité et traduit.

Par un hasard assez étrange, une partie des stances de Bhartrihari a été introduite en

---

(1) Bien qu'elles portent le titre de Centuries et que dans cette traduction je ne fasse figurer que cent distiques par série, les éditions en contiennent un peu plus. Je me suis arrêté au chiffre rond parce que la plupart des stances supplémentaires ne sont pas les meilleures et qu'on ne paraît pas bien fixé encore sur leur nombre.

Occident longtemps avant qu'on n'y connût l'existence de la langue et de la littérature sancrites. Un pasteur protestant, appelé Abraham Roger, qui avait passé aux Indes orientales en 1640, en rapporta les matériaux d'un livre qu'il fit paraître en 1651, sous le titre d'*Histoire de la religion des Brahmes*, et dans lequel était contenu « deux cents proverbes du sage Bartrouherri traduits sur la version hollandaise du brahmine Padmanaba. » C'étaient les stances morales que Roger intitulait : « *De la conduite raisonnable de l'homme*, » et les stances religieuses désignées sous ce titre : « *Le Chemin qui conduit au Ciel.* » Quant à la centurie de l'Amour, le brâhmane Padmanaba, mû par un sentiment de pudeur que lui suggérait la licence de certaines stances, refusa de l'expliquer à Roger. L'ouvrage du pasteur fut traduit en français par le médecin Thomas Lagrue, sous le titre de : *Théâtre de l'Idolâtrie* ou *la Porte ouverte pour parvenir à la connaissance du Paganisme caché*, etc. Amsterdam 1670. Inutile de dire que la pensée de Bhartrihari traduite, par un brahmane, du sanscrit en hollandais et, par Lagrue, du hollandais en français, ne nous est parvenue ainsi qu'extrêmement défigurée.

Près de deux siècles s'écoulèrent avant que

la publication du texte original ne permît
aux savants d'Europe de prendre une connaissance directe des stances du poète in-
dien. Un Allemand, le savant Bohlen, en pu-
blia en 1833 à Berlin la première édition eu-
ropéenne (1). Le texte sanscrit était accompagné d'une traduction latine et d'explica-
tions et de notes très-nombreuses et très-
étendues. En dépit de l'érudition de Bohlen,
l'insuffisance des manuscrits et le peu de ressources dont disposait à cette époque la philologie sanscrite ne lui permirent pas de sur-
monter toutes les difficultés d'une pareille
tâche, dont les résultats restèrent nécessairement défectueux à certains égards. Mais de
nombreux travaux postérieurs améliorèrent
insensiblement le texte. Citons l'édition
d'Hæberlin dans son anthologie sanscrite
(Calcutta 1847); la traduction grecque de la
deuxième et de la troisième centurie par Ga-
lanos ; les *Variæ lectiones ad Bohlenii edi-*
tionem Bharthriharis sententiarum perti-
nentes e codicibus extractæ, par Schiefner
et Weber, Berlin 1850 ; l'édition de la
deuxième centurie dans la chrestomathie de
Benfey, Leipzig, 1853; la recension de

(1) Elle avait été précédée d'une édition indi-
gène fort défectueuse (Serampour, 1804.)

Schütz et de Stenzler; trois éditions in-
diennes lithographiées parues vers 1860.
Cette série de publications relatives à notre
auteur, a rendu possible l'édition excellente
et, pourrait-on dire, définitive qu'en a enfin
donnée M. Otto Bœthlingk dans ses *Indische
Sprüche*, Saint-Pétersbourg 1863-1865. Elle
est accompagnée d'une très-bonne traduction allemande et des variantes fournies par
les éditions précédentes; c'est celle qui a
servi de base à ma traduction, comme elle
avait déjà fourni les éléments de mes *Études
sur les Poètes sanscrits de l'époque classique. Bhartrihari, les Centuries*. Paris,
Maisonneuve et Cⁱᵉ, 1871.

Indépendamment de la traduction fran-
çaise partielle et de troisième main de Lagrue, les stances de Bhartrihari ont été pu-
bliées en notre langue par M. Hippolyte
Fauche (*Bhartrihari et Tchaaura*. Paris
1852. Franck), le traducteur laborieux de
Kâlidâsa, du Râmâyana et du Mahâbhârata.
La mémoire de M. Fauche a droit à beaucoup d'indulgence, car il a beaucoup tra-
vaillé et, à ce qu'il semble, avec une grande
bonne foi; cependant il faut bien dire que sa
traduction de Bhartrihari faite sur l'édition
de Bohlen, participe nécessairement aux dé-
fauts du texte dont il s'est servi, et, chose

plus grave, que, dans son respect exagéré pour l'original sanscrit, il a traité le français avec un dédain devant lequel l'orthographe même n'a pas toujours trouvé grâce.

Pour établir la supériorité de son interprétation sur celle de Lagrue, M. Fauche a mis en regard l'une de l'autre quelques stances traduites par son prédécesseur et par lui. Je me permettrai de l'imiter pour une stance seulement prise parmi celles qui lui ont servi à cet usage, la vingt-troisième de la centurie du renoncement (1).

TRADUCTION DE M. FAUCHE.	LA MIENNE.
Ce qu'il y a de plus propre à casser le nœud qui retient liés à nous les honneurs grands et désirés; ce qui est pour un bouquet des plus éminentes vertus ce que la lune est pour le nymphea épanoui qui se fane à son flambeau nocturne; ce qui est comme une hache qui sape l'arbre de l'aimable pudeur; c'est le ventre, ce vase difficile à remplir et qui produit la misère.	Ce pot difficile à remplir qu'on appelle le ventre se plaît à contrefaire : comme le voleur, il est très-habile à couper la bourse de la dignité; comme la lune dont le pur éclat fait fermer les lotus de jour, il éteint toutes les meilleures qualités; comme une hache, il tranche la liane luxuriante de l'honneur.

(1) Voici le texte de cette stance :

Abhimatamahâmânagranthiprabhedapa*t*îyasî
Gurutaragu*n*agrâmâmbhojasphu*t*ojjvalacandrikâ |
Vipulavilasallàjjâvallîvidâriku*th*ârikâ
Ja*th*arapi*th*arî dushpûreya*m* karoti vi*d*ambanâm. ||

Cette comparaison faite, et dans les conditions les plus favorables à M. Fauche, je de-
manderai au lecteur, en prenant congé de
lui, si, dans l'hypothèse où les stances de
Bhartrihari sont dignes d'être traduites en
français, le travail de M. Fauche pouvait être
regardé comme suffisant? Je doute peu d'obtenir une réponse qui ne soit la justification
de mon entreprise.

LES STANCES
Érotiques, Morales et Religieuses
DE BHARTRIHARI

PREMIÈRE PARTIE.

L'AMOUR.

1.

Hommage à ce dieu adorable armé d'une fleur (l'Amour), dont la parole ne saurait redire les exploits divers et par qui Çiva, Brahmâ et Vishnu [1] ont été constamment tenus en esclavage dans la demeure des jeunes filles aux yeux de gazelles.

2.

Par leur sourire, leur grâce, leur pudique réserve, leur timidité, leurs œillades obliques lancées avec des yeux à demi voilés, leur babil, leurs querelles, leur enjouement, par tout ce qui est en elles, les femmes nous enchaînent.

3.

Sourcils charmants, œillades voilées, regards obliques, paroles tendres, sourires pudiques, lent départ qui n'est qu'artifice amoureux bientôt suivi d'une pause : voilà les charmes et les armes de la femme.

4.

Le visage de lotus des nouvelles mariées dont les yeux si vifs sont tantôt assombris par le froncement de leurs beaux sourcils, tantôt intimidés par la modestie, tantôt effarouchés par la crainte, tantôt stimulés par le désir, resplendissent comme des champs de lotus bleus qu'on voit à l'horizon.

5.

Les jeunes femmes ont pour parure naturelle un visage qui ne craint pas la rivalité de la lune, deux yeux capables de rendre ridicule la beauté du lotus, un teint qui l'emporte sur l'éclat de l'or, une forêt de cheveux comparable à un essaim d'abeilles, des seins qui ont ravi leur charme aux grosseurs (2) que portent sur le front les éléphants en rut, des hanches robustes et une voix d'une douceur exquise.

6.

Léger sourire sur les lèvres, regards empreints à la fois de hardiesse et de timidité, babil auquel l'enjouement juvénil a prêté tout son charme, fuite et retour précipités, amusements folâtres et continuels : tout n'est-il pas ravissant chez la femme aux yeux de gazelle qui atteint l'adolescence?

7.

Quel est le plus beau des spectacles? le visage respirant l'amour d'une jeune femme aux yeux de gazelle. Quel est le plus suave des parfums? son haleine. Quel est le plus agréable de sons? sa voix. Quelle est la plus exquise des saveurs? la rosée dont sont humectés les boutons de fleurs qui forment ses lèvres. Quel est le plus doux des contacts? celui de son corps. Quelle est l'image la plus agréable sur laquelle la pensée puisse s'arrêter? ses charmes naissants. Tout en elle est plein d'attraits (3).

8.

Est-il un cœur que ne soumettraient

pas, par leurs regards furtifs pareils à ceux des gazelles aimables et confiantes, ces jeunes filles dont le choc des bracelets mobiles, ainsi que la ceinture et les anneaux qu'elles ont à leurs pieds produisent un cliquetis plus agréable que le bruit que les flammants font entendre en marchant (4)?

9.

Est-il un homme sur terre que ne captive pas une belle dont le corps est poudré de safran, sur les seins dorés de laquelle tremble un collier de perles et qui, pareille au flammant, fait retentir les anneaux dont ses pieds de lotus sont entourés?

10.

Les poëtes qui ne cessent d'affirmer que les belles sont faibles ont sans doute l'esprit de travers. Indra (5) lui-même et les autres dieux ont été vaincus par les regards qu'elles leur ont jetés de leurs yeux aux vives prunelles. Comment peut-on dire qu'elles sont faibles ?

11.

Le dieu de l'amour est certainement aux ordres de cette belle, puisqu'il se

rend là, où le jeu de ses regards lui dit
d'aller (6).

12.

Tes cheveux sont relevés en chignon
(ou, pratiquent l'ascétisme), tes yeux s'é-
tendent jusqu'au delà des oreilles (ou, ont
parcouru les livres saints d'un bout à l'autre), ta bouche est garnie de deux rangées
de dents (ou, de brâhmanes) qui brillent
d'une pureté naturelle, le globe de tes
seins a l'éclat de perles enchâssées (ou, de
délivrés réunis pour jamais à l'âme suprême). Et pourtant, ô fille à la taille élan-
cée, ton corps, qui offre un spectacle si
propre à calmer les sens, jette le trouble
dans nos cœurs (7).

13.

Quelle est, ô ma belle, cette adresse inconnue jusqu'ici, grâce à laquelle tu
perces les cœurs en te servant des cordes
de l'arc (ou, de tes charmes) au lieu de
flèches?

14.

Le flambeau peut luire, le feu éclairer,
le soleil, la lune et les étoiles briller : sans
ma bien-aimée aux yeux de gazelle, la
terre reste pour moi dans l'obscurité.

15.

. . . .

. . . . (8)

16.

Avec des seins pesants (ou, pareils à la
planète Jupiter), avec son visage qui a
l'éclat de la lune et ses pieds qui se meu-
vent lentement (ou, qui ressemblent à la
planète Saturne) elle brille comme si elle
était formée de planètes.

17.

Pourquoi te troubler, ô mon cœur, si
sa gorge est opulente, si ses hanches ont
une allure séduisante, si son visage est
charmant? Si tu désires ces trésors, fais le
bien, car sans les bonnes œuvres on n'ob-
tient pas les objets de ses souhaits.

18.

Que les personnages respectables nous
disent avec précision, après avoir écarté
toute cause de partialité et bien considéré
la chose, si nous devons offrir nos hom-
mages aux flancs des montagnes ou à
ceux des jeunes filles enjouées qui se livrent aux jeux d'amour.

19.

. . . .

. . . .

20.

Avec son visage beau comme la lune (ou, comme une sorte de pierre précieuse appelée pierre lunaire), ses cheveux d'un noir foncé (ou, d'émeraude), ses mains qui ont le teint du lotus (ou, de rubis), elle brille comme si elle était faite de pierres précieuses.

21.

. Que ne font pas les jeunes filles aux beaux yeux qui se sont emparées petit à petit du cœur des hommes? Elles les troublent, les enivrent, les persiflent, les menacent, les ravissent et les plongent dans le désespoir.

22.

Une belle à la taille svelte se promenait sous les arbres de la forêt, en se reposant de temps en temps; ayant enlevé de la main le mouchoir qui lui couvrait les seins, elle renvoya à la lune les rayons dont elle la frappait.

23.

Quand elles sont absentes, nous aspirons à les voir ; quand nous les avons vues, nous n'avons plus qu'un désir, celui de jouir de leur étreinte ; quand nous sommes dans les bras des belles aux yeux allongés, nous ne voudrions plus nous en arracher.

24.

Une fleur de jasmin épanouie sur la tête, du sandal mêlé de safran sur le corps, une ravissante bien-aimée sur le cœur : voilà le ciel complet.

25.

Les jeux d'amour avec une femme de bonne naissance sont remplis de charme. D'abord elle dit « non, non » et semble dédaigner les caresses, puis les désirs viennent à naître sans que la pudeur disparaisse, ensuite la résistance se relâche et la fermeté est abandonnée ; enfin elle ressent vivement le secret plaisir des ardeurs amoureuses et, laissant de côté toute crainte, goûte un bonheur inexprimable qui lui fait crisper les membres.

26.

Heureux ceux qui baisent le miel des

lèvres des jeunes femmes couchées dans leurs bras, la chevelure dénouée, les yeux langoureux et à demi clos et les joues mouillées de la sueur qu'a provoquée la fatigue des plaisirs d'amour.

27.

Dans les plaisirs voluptueux, quand les yeux se ferment et qu'on perd sentiment, c'est alors qu'a lieu la conclusion de la scène d'amour pour les deux amants.

28.

C'est une inconvenance et une anomalie que les hommes éprouvent dans la vieillesse même des émotions amoureuses, et que les femmes aux belles hanches ne voient pas arriver le terme de leur vie ou de leurs désirs à l'époque où leurs seins perdent leur fermeté.

29.

En ce monde, l'amour a pour effet d'unir deux cœurs en une même pensée. Quand les sentiments des amants ne sont pas confondus, c'est comme l'union de deux cadavres.

30.

Les jeunes filles aux yeux de gazelles nous ravissent en tête à tête par leurs dis-

cours pleins d'abandon; ils témoignent
d'un doux penchant, ils débordent de ten-
dresse, la passion les entrecoupe, ils abon-
dent en paroles aimables, ils sont empreints de naïveté, ils respirent la joie,
ils ont un charme naturel, ils sont dignes
de confiance et font naître l'amour.

31.

Il faut se reposer dans les eaux du
Gange qui lavent les souillures du péché,
ou sur les seins ravissants et ornés de colliers de perles d'une toute jeune fille.

32.

Le cœur des jeunes filles ne reste cruel
en présence de leurs bien-aimés que jusqu'au premier souffle du zéphir printanier
chargé des parfums du sandal.

33.

Les vents sont chargés de parfums, les
arbres se parent de nouveaux bourgeons,
les abeilles ardentes font entendre leurs
bourdonnements et les kokilas leurs
chants agréables; la sueur que provo-
quent les jeux d'amour perle çà et là sur
le visage, brillant comme la lune, des
jolies femmes. Est-il quelque chose au

monde dont les charmes ne s'éveillent pas dans une nuit de printemps (9) ?

34.

Au printemps, les doux accents de la femelle du kokila (10) et le souffle des zéphirs qui viennent des monts Malayas (11) mettent à la torture ceux qui sont séparés de leurs bien-aimées. Dans le malheur, l'ambroisie elle-même devient poison.

35.

Il est agréable de passer son temps en jeux d'amour aux côtés de sa bien-aimée; les chants harmonieux du kokila réjouissent l'oreille; les lianes en fleur ont des charmes; on trouve du plaisir dans la société des gens d'esprit; quelques-uns admirent les rayons de la lune, d'autres ont le cœur et les yeux ravis par le spectacle des belles nuits du mois Chaïtra (12).

36.

Voici le moment (le printemps) où les femelles des kokilas sont remplies d'ardeur à la vue des tiges fleuries de l'arbre mango, signal de l'offrande de regrets que font les épouses des absents sur l'autel de la séparation. En même temps, les vents qui viennent des monts Malayas ravissent leurs parfums aux jasmins nouvellement épanouis et diminuent l'abattement général.

37.

Qui ne sentirait les désirs naître dans son cœur au printemps, alors que tout l'espace est rempli des parfums que répandent à profusion les étamines des fleurs du mango et que les abeilles sont irritées par le miel à la douce saveur ?

38.

En été, de belles filles aux yeux de gazelles dont les mains sont humides du suc transparent du sandal, des chambres de bain, des fleurs, l'aspect de la lune, un doux zéphyr, des bouquets odorants et une terrasse aux parois blanchies augmentent le plaisir et le désir.

39.

Couronnes dont l'aspect réjouit le cœur, zéphyr qu'agite l'éventail, rayons de la lune, parfum des fleurs, lac frais, poudre de sandal, vin clair, terrasse d'un palais bien blanche, vêtement très-léger, femme aux yeux de lotus — tels sont les agréments que les heureux ont en partage quand la chaleur les accable.

40.

Palais que la chaux a rendu éblouissant de blancheur, lune dont les rayons brillent d'un pur éclat, lotus du visage des bien-aimées, effluves parfumées du santal, couronnes qui réjouissent le cœur — tout cela met en émoi l'âme de l'homme sensuel, mais ne touche pas celui qui a renoncé à tout commerce avec les objets des sens.

41.

Est-il quelqu'un dont la joie ne soit pas accrue quand la saison des pluies vient allumer l'amour, sous sa parure de jeune fille, embaumée des parfums des jasmins en fleurs et chargée de nuages (ou, de seins) gonflés et épais ?

42.

Est-il un homme heureux ou malheureux dont les désirs ne s'éveillent pas quand le ciel est couvert de nuages, les plaines émaillées de fleurs, les vents chargés des parfums qu'exhalent les jeunes tiges du kutaja et du kadamba [13], et que les forêts retentissent joyeusement du cri des paons ?

43.

Sur sa tête, une épaisse couche de nuages; de chaque côté, des montagnes sur lesquelles dansent les paons; à ses pieds, le sol émaillé des fleurs blanches de kandalî (14) — où le voyageur peut-il porter *de préférence* ses regards?

44.

Les éclairs serpentent dans le ciel pareils à des lianes; les parfums du kétaki (15) circulent dans les airs, le tonnerre éclate au sein des nuages amoncelés, on entend les cris confus des paons qui se livrent à leurs jeux. Comment les jeunes filles aux beaux cils passeront-elles séparées de leurs bien-aimés ces jours où tant d'agréments se trouvent réunis?

45.

Quand l'obscurité est si épaisse qu'une aiguille ne pourrait la traverser, que le ciel retentit du bruit des nuages amoncelés, que l'eau se précipite en torrents du haut des rochers, c'est, je crois, le jeu des éclairs, ravissant comme l'éclat de l'or, qui indique aux audacieuses jeunes filles dont les beaux yeux sont à la fois réjouis et éblouis, le chemin qu'elles ont à suivre pour trouver leurs amants.

46.

A la saison des averses, quand les bien-aimés ne peuvent quitter la maison, les belles aux yeux allongés qui tremblent de froid les serrent étroitement dans leurs bras; puis s'élèvent des vents chargés d'une pluie glaciale qui font disparaître la fatigue causée par les plaisirs d'amour. C'est ainsi que, dans la société de celles qu'on aime, une laide journée devient belle pour les heureux amants.

47.

Le malheureux dont les membres sont rompus et énervés par les transports passionnés du plaisir, chez lequel est née une soif inextinguible et qui désire une liqueur enivrante sur la terrasse isolée où il a passé la moitié de la nuit, ne boit pas l'eau glacée et d'une transparence égale à celle des rayons de la lune, que lui offre dans une cruche le bras languissant et pareil à une liane d'une bien-aimée épuisée par la volupté.

48.

Heureux ceux qui en hiver reposent

voluptueusement dans une chambre,
ayant pour nourriture du lait caillé frais
et du beurre, couverts de vêtements
rouges, portant une épaisse couche de
poudre de safran sur leurs membres
qu'ont brisés tous les jeux d'amour, en-
laçant dans leurs bras une bien-aimée
aux seins luxuriants et mâchant à pleine
bouche des feuilles et des noix de bétel.

49.

Les vents qui soufflent en hiver se
conduisent ouvertement envers les belles
comme s'ils étaient leurs bien-aimés : ils
embrassent les fossettes de leurs joues; ils
font entrechoquer bruyamment leurs lèvres en se jouant dans les boucles qui en-
cadrent leur visage; ayant enlevé le corset
qui enveloppe leur poitrine, ils mettent
leurs seins en chair de poule; ils font
grelotter leurs cuisses et ils détachent le
pagne qui ceint leurs larges hanches.

50.

Le vent qui souffle dans la saison d'hiver agit d'ordinaire comme un amant à
l'égard des belles : il met en désordre
leur chevelure, il leur fait cligner les
yeux, il chiffonne leurs vêtements avec

violence, il met leur corps en chair de
poule, il arrive petit à petit à les faire
trembler dans ses embrassements et fouette
incessamment leurs lèvres qui grelottent
en laissant échapper des murmures.

51.

Les objets des sens qui forment le but
des vains efforts des hommes, manquent
de réalité ; soit. On peut même les mépriser et dire qu'en eux résident tous les
vices. Cependant, quelle n'en est pas la
puissance pour qu'ils brillent d'un éclat
si grand, si difficile à exprimer, dans le
cœur même de ceux dont toute la pensée
est dirigée vers la vérité [16] ?

52.

Que vous soyez précepteurs d'élèves
dont la pensée est dirigée vers l'objet du
Véda et que nous soyons disciples de
poëtes aux discours élégants, il n'en est
pas moins vrai que sur terre la vertu suprême est de rendre service à autrui et
qu'il n'est de charmant dans ce bas monde
que les belles aux yeux de lotus.

53.

A quoi bon de longs discours dépourvus d'application ? Les hommes ont à

choisir ici-bas entre deux cultes : celui des belles jeunes filles qui n'aspirent qu'à jeux et plaisirs d'amour toujours renouvelés, et que fatigue le poids de leurs seins; ou celui qu'on rend dans la forêt *à l'être absolu.*

54.

Hommes, je vous le dis en vérité, en toute indépendance et conformément à un axiome admis par tous les peuples : rien n'est charmant que les jeunes filles aux belles hanches, et rien ne cause davantage notre malheur.

55.

Le flambeau du vrai discernement ne luit pour les sages que tant qu'il n'a pas été frôlé par le bord des regards rapides des jeunes filles aux yeux de gazelles.

56.

Il n'est que les docteurs ayant sans cesse à la bouche l'écriture sacrée pour parler, et seulement du bout des lèvres, de renoncer à l'amour. Qui serait capable de fuir les hanches ornées de ceintures bruyantes auxquelles sont suspendues des perles rouges, des jeunes filles aux yeux de lotus?

57.

Le faux sage qui médit des femmes trompe les autres et lui-même, car le fruit de la pénitence est le ciel, et le ciel offre les Apsaras (17) à ceux qui l'obtiennent.

58.

Il est sur terre des héros capables de couper les bosses qui se trouvent sur le front de l'éléphant en rut; il en est même d'assez adroits pour tuer un lion furieux; mais je le déclare à la face des forts, il ne s'en trouve guère qui puissent avec toute leur vaillance abattre l'orgueil du dieu de l'amour.

59.

L'homme ne reste dans la bonne voie, ne maîtrise ses sens, ne garde le sentiment de l'honneur, ne conserve de retenue que tant que son cœur n'a pas été atteint, ni ses fermes résolutions détruites par les flèches des regards des femmes lascives — flèches empennées de leurs cils noirs et décochées avec les arcs de leurs sourcils.

60.

Ce que femme entreprend dans un accès de passion amoureuse, Brahmâ lui-

même n'a pas le courage d'y mettre obs-
tacle.

61.

La grandeur, la science, la noblesse et
la prudence ne durent qu'autant que le
feu du dieu aux cinq flèches (l'Amour)
ne s'est pas allumé spontanément dans les
membres.

62.

Les savants, les hommes célèbres par
leur bonne éducation, ceux qui possèdent
la connaissance de l'âme suprême ne sont
eux-mêmes que rarement des vases de
bonnes œuvres en ce monde, où la liane
des sourcils arqués des jeunes filles aux
beaux yeux est comme la clé avec laquelle
s'ouvre la porte de la cité infernale.

63.

Un chien maigre, borgne, boiteux,
sourd, ayant la queue coupée, rempli
d'ulcères, souillé de pus, couvert de ver-
mine, épuisé par la faim, affaibli par
l'âge et dont la gueule est déchirée par les
tessons qu'il ronge, poursuit encore les
chiennes : le dieu de l'amour tourmente
jusqu'aux mourants.

64.

Les fous qui fuient la femme — ce sceau manifeste du dieu dont l'étendard est un poisson (l'Amour) au moyen duquel on est assuré de la possession de tous les biens — n'obtiennent que de vains fruits de leur sottise et ce dieu les châtie cruellement : ceux-ci vont nus et ont la tête rasée, d'autres ont la chevelure partagée en cinq tresses, d'autres enfin n'en ont qu'une au sommet de la tête et portent des crânes humains pour parure (allusion aux différents signes extérieurs adoptés par les ascètes).

65.

Viçvâmitra, Parâçara et d'autres grands ascètes, qui ne vivaient que de vent, d'eau et de feuilles, ont perdu leur sagesse à la vue du visage de lotus d'une belle femme. Le jour où des hommes qui se nourrissent de riz mêlé de beurre, de lait frais et de lait caillé parviendront à maîtriser leurs sens, les monts Vindhyas [18] traverseront l'océan à la nage.

66.

Dans ce monde qui n'est que vanité, comment les hommes au cœur pur, dont

la honte qu'ils ont recueillie en faisant
leur cour à la porte du palais des mauvais
princes a abaissé la fierté, pourraient-ils
regagner l'honneur, s'il n'y avait pas 'de
jeunes filles dont la beauté a tout l'éclat
de la lune à son lever, dont les yeux ressemblent aux lotus, qui portent des ceintures bruyantes et mobiles, et auxquelles
le poids de leurs seins fait ployer la taille?

67.

Puisqu'il y a dans l'Himâlaya des lieux
de félicité remplis de grottes qu'habitent
de saints ascètes, des arbres que frottent
les épaules du sanglier de Çiva, des rochers que lavent les eaux du Gange,
quel est le sage qui consentirait à souiller
son honneur en courbant le front (dans
les cours), sans les femmes — ces flèches
du dieu de l'amour — aux yeux pareils à ceux des jeunes gazelles appri-
voisées?

68.

Vivent les jeux folâtres des belles filles
aux yeux de gazelles! Ils ont le parfum
naissant de la luxuriante jeunesse, ils
marquent le début des ardeurs voluptueuses, ils sont le gage des conquêtes ré-
servées au dieu de l'amour, ils s'emparent

tout doucement des cœurs, ils sont les précepteurs uniques des sentiments qui s'éveillent alors dans les âmes.

69.

Est-il un homme en ce monde, ô prince, qui ait traversé l'océan de ses désirs? A quoi servent les richesses quand la jeunesse et l'amour, son compagnon fidèle, ont disparu? Courons donc avant que la vieillesse qui s'avance sans perdre un instant ait ravi leur beauté, auprès de nos bien-aimées qui nous regardent avec leurs grands yeux pareils à des lotus bleus épanouis.

70.

Il n'est ici-bas qu'un jardin rempli de fleurs pernicieuses : c'est la jeunesse. Elle est le temple unique de la passion, la cause de peines plus cuisantes que n'en feraient endurer cent enfers, la semence d'où naît la folie, le rideau de nuages qui couvre la lune de la science, la seule amie du dieu de l'amour, la chaîne des fautes de toute nature.

71.

Est-il un homme assez heureux pour ne pas subir de changement quand arrive l'adolescence — cette pluie qui arrose l'arbre d'amour, cette source d'où jaillit le suc des tendres amusements, cette compagne chérie du dieu puissant (l'Amour), cette mer d'où sort la perle des paroles gracieuses, ce spectacle qui a pour les yeux des jeunes filles les mêmes charmes que possède la pleine lune pour le chakor (19), cet écrin qui contient le trésor de la beauté?

72.

En apercevant une femme, qui n'est en l'examinant de près qu'une petite fille malpropre, le sage lui-même s'enflamme, se réjouit, éprouve des désirs et la comble d'éloges en s'écriant avec ardeur : « C'est ma bien-aimée. » « Elle a des yeux de lotus. » « Quelles larges hanches! » « Quels seins relevés et opulents! » « Son visage a la beauté du lotus. » « Ses sourcils sont charmants. » Hélas! quelles sottises fait commettre l'aveuglement de la passion.

73.

Si vous pensez à elle, vous éprouvez une peine cuisante; si vous la voyez, votre esprit se trouble; si vous la touchez, vous perdez la raison : comment peut-on l'appeler bien-aimée?

74.

Elle n'est faite d'ambroisie que tant qu'elle est sous les yeux. A-t-elle disparu de la portée du regard, elle est plus véné-neuse que le poison.

75.

Une femme aux belles hanches est à la fois ambroisie et poison : nous aime-t-elle, c'est une liane qui produit l'ambroisie; a-t-elle de l'aversion pour nous, c'est une plante vénéneuse.

76.

Par qui a été fabriqué ce dédale d'in-certitudes, ce temple d'immodestie, ce sé-jour d'inconsidération, ce réceptacle de fautes, ce champ de méfiance semé de cent fourberies, cette barrière de la porte du ciel, cette bouche de la cité infernale, cette corbeille remplie de tous les artifices, ce poison qui ressemble à l'ambroisie, cette corde qui lie les mortels au monde d'ici-bas, cette étrange machine — la femme, en un mot?

77.

La lune n'a pas pris réellement la forme de leur visage, il n'est pas vrai qu'une

couple de lotus soit devenue leurs deux
yeux, ni que leur corps élancé ait été fait
avec de l'or; mais les gens simples ont été
induits en erreur par les poëtes et, tout
en sachant bien que le corps des belles
aux yeux de gazelle est fait de peau, de
chair et d'os, ils lui rendent un culte su-
perstitieux.

78.

Les grâces lascives sont innées chez les
femmes voluptueuses et elles enflamment
le cœur des fous : les couleurs du lotus lui
sont accordées par la nature, et c'est en
vain que l'abeille rôde alentour.

79.

Il y a sans doute du miel sur les lèvres
des jeunes filles au corps svelte dont le
visage de lotus est d'une exquise beauté et
semble avoir ravi l'éclat de la pleine lune;
mais avec le temps ce miel deviendra
extrêmement amer comme le fruit de la
coloquinte, et se changera en poison fu-
neste.

80.

Cette rivière, qui a l'aspect d'une belle —
car les sillons formés par ses ondes ressemblent aux trois rides du corps de la femme,

les couples de cygnes dont elle est cou-
verte rappellent deux seins relevés et opulents et elle a pour visage les lotus qui
brillent sur ses eaux — est le séjour de
monstres terribles. Hommes! si vous ne
voulez pas tomber dans l'océan du monde
d'ici-bas, éloignez-vous d'elle.

81.

Elles babillent avec l'un, envoient à un
autre des œillades provocatrices; un troisième occupe leur cœur et leur pensée.
Quel est le véritable bien-aimé des
femmes?

82.

Les femmes ont du miel dans leurs paroles et du poison dans le cœur. Aussi
leur suce-t-on les lèvres, tandis qu'on
leur frappe (presse) la poitrine avec les
mains.

83.

Ami, fuis bien loin de la femme — ce
serpent : ses regards obliques sont un ve-
nin dévorant, sa nature est méchante, ses
manières folâtres ressemblent aux mouvements de la crête de certains reptiles;
mais il est des remèdes qui guérissent
ceux qu'a atteints la dent des serpents vé-

ritables, tandis que les conjurateurs eux-
mêmes abandonnent l'homme mordu par
ce serpent subtil qu'on appelle une bien-
aimée.

84.

Le dieu de l'amour est un pêcheur; la
femme est la ligne qu'il jette dans la mer
de ce monde ; l'homme est le poisson que
le désir fait mordre à la lèvre qui sert
d'appât ; l'Amour l'amène bientôt à lui
et le fait griller sur le feu de la passion.

85.

O cœur en voyage ! ne t'égare pas dans
l'épaisse forêt du corps d'une belle, ni dans
les défilés de ses seins, car l'Amour y est
aux aguets, comme un voleur de grand
chemin.

86.

J'aimerais mieux être aperçu par un
serpent allongé, mobile, à l'allure si-
nueuse, brillant, furtif, doué de l'éclat du
lotus bleu, que par son œil digne des
mêmes épithètes. Il est en tous pays des
médecins en grand nombre dont les services sont prêts pour la guérison d'une
morsure, mais quand on a été touché des
regards d'une belle il n'est, à mon avis,
ni médecin, ni remède.

87.

— « Écoute ce chant agréable, vois cette danse, goûte ce mets savoureux, aspire ces parfums, touche ces seins voluptueux. » — Les sens détournés de l'objet suprême et habiles à atteindre leur propre satisfaction, t'égarent çà et là par ce langage et tu es trompé par tous les cinq.

88.

La folie causée par le dieu de l'amour, qui donne lieu à un état étrange par suite du vertige qu'elle introduit dans le corps et qui fait que les yeux errent çà et là et roulent dans leurs orbites, ne se dissipe pas au moyen d'incantations; ce n'est pas une maladie que les médecins puissent guérir et les différents remèdes qu'on emploie contre elle sont hors d'état de la faire cesser.

89.

Qui pourrait s'éprendre de ces esclaves vénales qui offrent pour un peu d'or leur corps ravissant à un aveugle de naissance, à un homme hideux de figure, à un vieillard aux membres flétris par l'âge, à un rustre, à un individu de basse naissance, à un lépreux ? Ces femmes sont des glaives qui coupent la liane merveilleuse du discernement.

90.

Les courtisanes sont les feux du dieu de l'amour, elles l'alimentent avec leur beauté, et les libertins viennent y sacrifier jeunesse et richesse.

91.

Est-il un homme de bonne famille qui voudrait embrasser les lèvres, quelque charmantes qu'elles soient, d'une courtisane, jouet immonde des espions, des soldats, des voleurs, des esclaves, des comédiens et des débauchés?

92.

Heureux ceux dont le cœur ne se pervertit pas à la vue de la beauté des femmes aux yeux vifs et allongés, aux seins que la sève de la jeunesse a remplis, arrondis et gonflés, aux trois sillons pareils à des lianes qui serpentent sur leur ventre grêle!

93.

A quoi bon, jeune fille, ces œillades amoureuses, ces jeux de regard avec les paupières à demi closes? Cesse, cesse tes

agaceries : ta peine est inutile. Je ne suis
plus le même qu'autrefois; ma jeunesse
s'est enfuie; toutes mes pensées sont diri-
gées vers la retraite; mon aveuglement est
dissipé, et je considère ce monde entier
comme un vil fétu.

94.

Cette jeune fille dirige sans cesse sur
moi un œil qui a ravi leur éclat aux pé-
tales du lotus bleu. A quoi vise-t-elle?
Mon égarement a cessé, les ardeurs de la
fièvre résultant de la blessure que m'avait
faite la flèche du cruel dieu de l'amour
sont éteintes, et pourtant la malheureuse
ne se tient pas en repos.

95.

Tant que les bonnes œuvres sont nombreuses, on jouit avec sécurité d'un palais
resplendissant de blancheur, de jeunes
femmes ravissantes, d'une prospérité dont
l'éclat du parasol blanc est le signe (c'est-
à-dire, de la puissance souveraine); la provision en est-elle épuisée? tout se disperse
en un clin d'œil de chaque côté comme
un collier de perles dont le fil s'est brisé
dans les jeux ou les querelles d'amour.

96.

Celui qui maîtrise ses sens voit briller en lui l'union constante et indissoluble de l'intelligence et de l'âme suprême, qui découle d'une application assidue aux pratiques pieuses; mais qu'a-t-il à faire des causeries avec les bien-aimées, du miel de leurs lèvres, de la lune de leur visage, des jeux d'amour accompagnés de soupirs et des plaisirs voluptueux dans lesquels on presse leurs seins arrondis?

97.

Holà! dieu de l'amour, pourquoi te fatiguer la main à faire retentir ton arc? Holà! holà! kokila, pourquoi ces accents délicieux, mais inutiles? O belle! c'est assez de regards jetés du coin de l'œil remplis à la fois d'amour, de malice, de naïveté, de douceur et de vivacité. Mon cœur est plongé dans l'ambroisie du recueillement aux pieds de celui qui a la lune pour diadème (Çiva), que je couvre de mes baisers.

98.

Quand j'étais dans l'ignorance produite par l'obscurité où m'égarait l'amour, je ne voyais ici-bas que la femme. Maintenant que je me suis plu à frotter mes yeux avec le spécifique de la vraie science, tout a pris, à mes regards, un aspect uniforme et je n'aperçois dans les trois mondes que Brahma [20].

99.

Celui-ci marche dans la voie du renoncement, celui-là s'égare dans les sentiers de la politique, un autre prend son plaisir dans l'amour : chacun, ici-bas, va de son côté [21].

100.

Ce qui ne nous plaît pas, quelle qu'en soit la beauté, ne fixe pas nos désirs : les fleurs de lotus diurnes n'éprouvent pas de penchant pour celle dont les rayons sont d'ambroisie (la lune), malgré ses charmes.

DEUXIÈME PARTIE.

LA MORALE.

1.

Je m'incline devant la lumière paisible, dont la forme, toute spirituelle et éternelle, n'est limitée ni par l'espace ni par le temps, et dont la pensée consiste uniquement à prendre conscience d'elle-même [1].

2.

Celle qui est l'objet constant de mes pensées ne répond point à mon amour; elle en désire un autre, qui lui-même est enchaîné ailleurs. *De mon côté,* je suis aimé d'une femme *que je n'aime pas.* Maudits soient celle que j'aime, celui qu'elle aime, celle [2] qui m'aime, le dieu de l'amour et moi!

3.

On s'entend facilement avec un ignorant, on s'entend plus facilement encore
avec un savant ; mais Brahmâ lui-même
ne tomberait pas d'accord avec l'homme
dont un brin de savoir a gonflé le sot orgueil.

4.

On peut arracher de vive force une perle
de la gueule du makara (3), on peut traverser la mer alors qu'elle est toute cou-
ronnée de vagues turbulentes,. on peut
porter sur sa tête un serpent irrité en
guise de fleur ; mais on ne parvient pas à
vaincre l'opiniâtreté d'un sot.

5.

En pressant assez fort, on ferait sortir
de l'huile du sable ; quand on est tourmenté par la soif, on parviendrait à boire
de l'eau du mirage ; en cherchant bien,
on finirait par tomber sur une corne de
lièvre (4) ; mais on ne réussirait jamais à
vaincre l'opiniâtreté d'un sot.

6.

Vouloir faire suivre aux méchants la
voie des bons au moyen de beaux discours et de paroles pétries de nectar, c'est

essayer d'enchaîner un éléphant intraita-
ble avec des jeunes tiges de lotus, c'est en-
treprendre de tailler un diamant avec le
bord d'une fleur de cirîsha (5), c'est pré-
tendre dissiper l'amertume de la mer avec
une goutte de miel.

7.

Brahmâ a fait pour l'ignorance un manteau dont elle peut se couvrir à volonté, et
constamment à sa portée : c'est le silence,
qui, dans la société des savants, surtout,
est l'ornement de ceux auxquels l'instruction fait défaut.

8.

Antrefois, avec mon peu de savoir, j'étais
comme un éléphant aveuglé par le rut :
je croyais tout connaître et mon cœur
était rempli d'orgueil. Depuis que de
temps en temps je fréquente les sages,
j'ai conscience de ma sottise, et ma présomption s'est guérie comme une fièvre.

9.

Le chien se délecte à ronger un os jeté
aux ordures, rempli de vers, souillé de
bave, puant et décharné, et ne le quitte-
rait pas, même si le maître des dieux ap-
paraissait devant lui : un pauvre diaole

profite des aubaines qui lui échoient,
quelles qu'elles soient et sans s'inquiéter
de leur peu de valeur.

10.

Le Gange tombe du ciel sur la tête de
Çiva, de la tête de Çiva sur l'Himâlaya,
des hauteurs de l'Himâlaya sur la terre,
de la terre dans l'océan, arrivant ainsi
dans un lieu inférieur [6] : la chute de
ceux dont le discernement s'est obscurci
s'effectue, *comme la sienne*, par cent
issues.

11.

Mieux vaut errer dans les défilés des
montagnes, au milieu des bêtes féroces,
que d'habiter les palais du maître des
dieux dans la société des fous.

12.

C'est sottise de la part d'un prince
quand, dans son empire, des poëtes célèbres qui émettent d'une voix éloquente
des paroles ornées de savoir et dont les enseignements sont dignes d'être transmis à
des disciples, se trouvent dans l'indigence;
car, même sans richesse, les hommes doués
d'une belle intelligence sont puissants :
les mauvais connaisseurs par la faute des-

quels les diamants sont dépréciés méritent le blâme.

13.

Abaissez votre orgueil, ô rois, en présence des possesseurs de ce trésor intime appelé science qui ne saurait tomber sous la main des voleurs, qui va toujours s'accroissant peu à peu, qui s'augmente mieux que jamais s'il est partagé avec les nécessiteux, et qui survit à la destruction du monde. Est-il quelqu'un qui puisse rivaliser avec eux?

14.

Né méprise pas les savants qui ont appris à connaître la vérité suprême. La richesse même les enchaîne aussi peu solidement qu'un faible brin d'herbe. Une corde faite de fibres de lotus arrêterait-elle l'éléphant dont les joues sont noircies par les traces de la liqueur qui lui découle du front quand revient la saison du rut?

15.

Le Créateur peut toujours, dans sa colère, empêcher le cygne de prendre ses ébats au milieu des étangs couverts de lotus, mais il ne saurait lui ravir la célè-

bre faculté qu'il possède de séparer l'eau
du lait (7).

16.

Ni les bracelets, ni les colliers de perles
dont l'éclat est pareil à celui de la lune,
ni les lotions, ni les onctions, ni les
fleurs, ni les soins donnés à la chevelure
ne font l'ornement de l'homme. L'éloquence seule est la parure de celui chez
lequel elle a été perfectionnée. Tous les
autres ornements disparaissent, mais l'é-
loquence est un ornement indestructible.

17.

La science est, pour l'homme, la beauté
suprême; la science est un trésor que pro-
tégent les secrètes profondeurs où il est
caché; la science est l'instrument de la
puissance, de la gloire et du bonheur; la
science est le maître des maîtres; la science
est un ami qui nous suit dans nos voyages; la science est la plus puissante des
divinités; la science est plus en honneur
auprès des rois que la richesse même. Dépourvu de science, l'homme n'est qu'une
bête de somme.

18.

La patience est une cuirasse, la colère,
le plus redoutable des ennemis, les pa-

rents sont un feu qui dévore, les amis des remèdes divins, les méchants des serpents, la science pure est une richesse, la modestie la plus belle des parures, la poésie un trône.

19.

Bienveillance pour les siens, miséricorde envers ses inférieurs, sévérité à l'égard des méchants, amitié pour les bons, conduite prudente avec les princes, droiture avec les sages, courage en face de l'ennemi, patience envers ses maîtres, malice auprès des femmes. Ceux qui mettent convenablement ces préceptes en usage font bonne figure dans le monde.

20.

Indiquez-moi un avantage que ne procure à l'homme la fréquentation des bons? Elle enlève à l'esprit son engourdissement, elle inspire la vérité dans les discours, elle accroît la dignité, elle fait disparaître le mal, elle purifie l'intelligence et elle étend au loin la bonne renommée.

21.

Victoire aux heureux et puissants poëtes à la verve excellente! Leur gloire n'a rien à redouter ni de la vieillesse, ni de la mort.

22.

Est-ce que le lion, cet animal orgueilleux entre tous, consent — même épuisé par la faim, même amaigri par l'âge, même défaillant, même dans une situation lamentable, même quand toute sa vigueur a disparu, même au moment de rendre le dernier soupir — à se nourrir d'herbe desséchée, lui qui n'aspire qu'à mordre à belles dents dans les bosses fendues au moment du rut que l'éléphant royal porte sur le front?

23.

Le chien est tout joyeux de trouver un os décharné auquel n'adhère qu'un peu de nerf et souillé d'un reste de graisse, qui ne suffit même pas à apaiser sa faim; le lion laisse courir jusqu'au chacal même tombé sous ses griffes, pour s'attaquer à l'éléphant : chacun éprouve, même dans le besoin, des désirs conformes à sa nature.

24.

Chacun naît et renaît dans ce monde soumis aux périodes sans cesse renouvelées de la transmigration, mais celui-là

seul qui augmente la grandeur de sa famille est né réellement.

25.

Il est pour le sage, comme pour un bou-
quet de fleurs, une double alternative : il
brille à la tête des hommes ou se fane dans
la forêt (c'est-à-dire, y mène la vie ascé-
tique).

26.

Le chien en apercevant celui qui lui
donne à manger, remue la queue, se jette
à ses pieds, se couche à terre et lui fait
voir l'intérieur de sa gueule; l'éléphant,
la noble bête, ne cesse, au contraire, de
regarder devant lui d'un œil ferme et ne
mange que sollicité par cent paroles ca-
ressantes.

27.

Il y a bien encore cinq ou six planètes
importantes, telles que Jupiter et les autres, mais Râhu, dans l'éclat de la gloire
que lui a value ses différents exploits, dé-
daigne de les attaquer. Le chef des démons, auquel il ne reste que la tête, ne
dévore dans les courses qu'il entreprend
au moment des conjonctions, que les astres

brillants qui président au jour et à la nuit
(le soleil et la lune) [8].

28.

Le serpent Çesha porte la série des
mondes sur le sommet de sa crête, il a lui-
même pour support constant le milieu du
dos du prince des tortues lequel réside
tranquillement au sein de l'Océan [9]. Ah!
de quels immenses soins sont accablés les
grands.

29.

Le fils de l'Himâlaya, voyant que son
père ne pouvait lui porter secours, eût
mieux fait de se laisser couper les ailes
par les foudres rendus plus lourds par les
feux divergents qui s'en échappaient avec
lesquels Indra irrité l'assaillit, que de se
précipiter dans la demeure du roi des mers,
car cette fin était indigne de lui [10].

30.

La pierre solaire elle-même, tout insen-
sible qu'elle est, s'enflamme quand le soleil la frappe de ses pieds (rayons) [11].
Comment l'homme de cœur souffrirait-i
d'être insulté par autrui?

31.

Le lion, tout jeune encore, s'attaque à
l'éléphant dont les joues sont couvertes de
la liqueur que distille son front au moment du rut : c'est le naturel, et non pas
les années, qui enflamme le courage des
vaillants.

32.

Que les avantages de notre naissance
descendent en enfer ! Que toutes nos
bonnes qualités tombent encore plus bas !
Que notre vertu soit précipitée du haut
d'un rocher ! Que notre parenté soit jetée
au feu ! Que la foudre frappe sur-le-champ
notre héroïsme comme un ennemi ! Que
les richesses seules nous restent, car sans
elles tout cela ne vaut pas un fétu.

33.

Le riche est noble, sage, savant ; il sait
distinguer le mérite, il est éloquent, il est
beau : toutes les qualités ont l'or pour
point d'appui.

34.

Le roi est entraîné à sa perte par les
mauvais conseillers ; l'ascète, par la fréquentation des autres hommes ; le fils, par
la dissipation ; le brahmane, par l'oubli

3.

de ses pieuses lectures ; la famille, par un mauvais fils. La vertu se détruit par le commerce avec les méchants ; la décence disparaît par l'effet des boissons spiritueuses ; un champ se ruine par l'incurie de son maître ; l'amour s'éteint par suite de voyages réitérés, l'amitié cesse par défaut de prévenances ; la prospérité périt par les conséquences de la mauvaise conduite, et la fortune par la prodigalité et la négligence.

35.

Donner, jouir, perdre : voilà les trois issues par où s'écoulent les richesses ; quand les deux premières sont fermées, elles s'en vont par la troisième.

36.

Pierre précieuse entamée par l'instrument qui sert à la polir, vainqueur blessé d'un javelot dans la bataille, éléphant affaibli par l'écoulement de la liqueur qui lui sort des tempes quand il est en rut, rivière qui, dans la saison sèche, laisse émerger des îlots, lune réduite à son dernier quartier, jeune femme fatiguée par les jeux d'amour, prince dont la libéralité a épuisé les ressources, sont choses dont

l'éclat est relevé par les atteintes mêmes
qu'elles ont subies.

37.

L'homme dont les forces sont épuisées
soupire après une poignée d'orge, mais
plus tard, quand il est rassasié, il considère la terre entière comme un fétu. Les
biens des riches n'ayant pas une valeur
constante, le rapport des choses est varia-
ble et passe du plus au moins.

38.

O roi, si tu veux traire cette terre comme
une vache, soigne tes sujets comme son
veau. En les entourant constamment de
bons soins, la terre, comme l'arbre kal-
pa (12), te donnera des fruits de toutes
sortes.

39.

Sincère et menteuse, sévère et bienveil-
lante, impitoyable et miséricordieuse,
avare et libérale, dépensant sans cesse et
sans cesse amassant à pleines : mains telle
est, sous sa double face, et pareille à une
courtisane, la politique des rois.

40.

A quoi sert d'avoir recours aux princes

chez lesquels les six conditions suivantes ne sont pas réunies : autorité, gloire, protection des brâhmanes, libéralité, jouissance et sauvegarde pour les amis?

41.

Une marque que le Créateur a tracée sur notre front [13] indique les biens modiques ou considérables qui nous sont destinés. Ces biens nous échoient fatalement, même au milieu d'un désert, et nous n'obtenons rien au delà, eussions-nous fixé notre séjour sur le mont Méru [14]. Armons-nous donc de fermeté, et ne passons pas vainement des jours misérables à chercher fortune autour des opulents. Voyez une cruche, ne puise-t-elle pas une égale quantité d'eau, qu'on la descende dans un puits, ou qu'on l'emplisse dans l'océan?

42.

Dureté d'âme, querelles sans cause, enlèvement de la fortune et de la femme d'autrui, incapacité de supporter les gens de bien et ses proches — tels sont les traits qui caractérisent le naturel des méchants.

43.

Il faut éviter le méchant, même quand

son esprit est orné par la science : le serpent n'est-il pas redoutable quoiqu'il porte une pierre précieuse sur la tête [15]?

44.

Est-il une seule qualité que les méchants ne trouvent pas moyen de flétrir chez celui qui en est doué? A les entendre, la timidité est de l'idiotisme, la piété de l'hypocrisie, la vertu une manœuvre habile, l'héroïsme de l'insensibilité, la vocation monastique de la petitesse, l'affabilité une façon de demander l'aumône, l'énergie de la présomption, l'éloquence du bavardage et la circonspection de la faiblesse.

45.

A quoi servent les bonnes qualités là où se cache l'envie? Les autres vices font-ils défaut là où se trouve la perfidie? A quoi bon la pénitence là où brille l'amour de la vérité, et les pélerinages aux bains sacrés si le cœur est pur? Est-il besoin des autres vertus là où est l'affabilité? Faut-il d'autres ornements là où existe le respect de soi-même? Qu'importent les richesses quand on possède la vraie science? Reste-t-il quelque chose à faire à la mort là où est survenue la déconsidération?

46.

Lune que l'éclat du jour a rendue bla-
farde, bien-aimée dont la jeunesse s'est
enfuie, lac dépourvu de lotus, belle bouche sans éloquence, prince dont l'unique
soin est d'amasser des richesses, homme de
bien constamment dans l'adversité, méchant à la cour d'un roi — voilà sept flèches dans mon cœur.

47.

Nul ne peut se flatter de posséder l'esprit d'un roi dont la colère est allumée : le
sacrificateur lui-même se brûle s'il touche
au feu de l'autel.

48.

Se tait-on? on dit que vous êtes muet.
S'exprime-t-on facilement? on passe pour
un écervelé ou pour un bavard. Si l'on
s'approche, on est effronté; si l'on s'éloigne, on est insouciant. A-t-on l'humeur
facile? on est taxé de pusillanimité. Man-
que-t-on parfois de patience? on est traité
de mal élevé : le devoir d'un serviteur est
rempli de difficultés inextricables et un
ascète lui-même ne parviendrait pas à
l'observer.

49.

Est-il quelqu'un qui puisse se plaire dans la société d'un homme de basse extraction qui vante tous les scélérats, qui ne connaît pas de frein, dont les viles actions sont le résultat d'une existence antérieure, auquel la fortune est arrivée par l'effet du hasard et par lequel toutes les vertus sont détestées?

50.

L'amitié des méchants diffère de celle des bons comme l'ombre du matin, de celle du soir : l'une, grande d'abord, diminue graduellement; l'autre, petite au début, va toujours en augmentant.

51.

Les gazelles, les poissons et les gens de bien, auxquels il faut pour vivre de l'herbe, de l'eau et de la satisfaction, sont en butte en ce monde à l'hostilité gratuite des chasseurs, des pêcheurs et des hommes perfides.

52.

Désir de fréquenter les honnêtes gens, plaisir que fait éprouver la vertu d'autrui, respect pour son précepteur spirituel, zèle

pour la science, amour pour sa femme,
crainte du blâme, dévotion envers Çiva,
énergie employée à se dompter, éloignement de la société des méchants. — Hommage aux hommes qui pratiquent ces vertus immaculées !

53.

Fermeté dans le malheur, humeur facile dans la prospérité, éloquence au sein
des assemblées, vaillance dans les com-
bats, amour de la gloire, ardeur à l'étude
des Saintes Écritures : voilà les traits qui
forment le naturel des hommes magnanimes.

54.

Cacher ses libéralités, accueillir avec
empressement l'hôte qui se présente chez
vous, se taire quand on a rendu service,
publier dans les réunions les bienfaits
dont on a été l'objet, rester modeste dans
la fortune, parler des autres avec égards. —
Qui a enseigné aux gens de bien ces pratiques aussi difficiles à observer que de
s'asseoir sur le tranchant d'un glaive ?

55.

Louable est pour la main la généro-
sité ; pour la tête, la prosternation aux

pieds d'un précepteur spirituel ; pour la bouche, les paroles empreintes de vérité ; pour les bras d'un vainqueur, l'intrépidité sans rivale ; pour le cœur, les pensées pures ; pour les oreilles, l'audition et l'étude des Saintes Écritures. Ces qualités sont, à défaut même de puissance, l'ornement de ceux qui sont naturellement magnanimes.

56.

Dans le bonheur les grandes âmes sont délicates comme le lotus ; dans l'adversité elles sont solides et pareilles à un rocher choqué par un caillou.

57.

Tombant sur du fer rouge, une goutte d'eau disparaît sans laisser de traces ; sur une feuille de lotus elle brille comme une perle ; s'introduit-elle dans une coquille d'huître au milieu de l'Océan, sous le signe de Svâti, elle devient une perle véritable [16]. En général, les différentes qualités se manifestent au contact d'autrui.

58.

L'enfant qui réjouit son père par sa bonne conduite est un vrai fils ; la femme

dont tous les désirs se bornent à faire le
bonheur de son mari est une véritable
épouse; l'ami qui, dans le malheur et
dans la prospérité, conserve les mêmes fa-
çons d'agir est un véritable ami. Cette
triple faveur est réservée à ceux qui pratiquent la vertu en ce monde.

59.

Qui pourrait hésiter à s'approcher avec
des prières aux lèvres, de ces sages véné-
rés dans le monde et aux mœurs incom-
parables, qui s'élèvent en s'abaissant, qui
manifestent leurs vertus en proclamant
celles des autres, qui accroissent leurs richesses en s'efforçant d'augmenter celles
du prochain, et qui appliquent l'indifférence pour toute flétrissure aux calomnia-
teurs dont la bouche ne fait que vomir
l'outrage et les invectives grossières?

60.

S'abstenir du meurtre des êtres vivants,
ne pas toucher au bien d'autrui, dire la
vérité, être libéral en temps opportun et
dans la mesure de ses moyens, ne pas
prendre part aux médisances sur la jeune
femme d'autrui, mettre une digue au
torrent de la concupiscence, être modeste

auprès de ses maîtres spirituels, se montrer compatissant pour toutes les créatures : telles sont les règles incontestées et communes à tous les traités de morale, qui constituent la voie du salut.

61.

Avoir une conduite régulière, ne pas se résoudre à se couvrir d'une souillure même au péril de sa vie, ne pas adresser de sollicitations à des gens indignes, ne rien demander à un pauvre, même s'il est notre ami, garder la tête haute dans le malheur, suivre les traces des magnanimes. — Qui a enseigné aux gens de bien ces pratiques aussi difficiles à observer que de s'asseoir sur le tranchant d'un glaive ?

62.

Les arbres courbent leurs branches sous le poids des fruits dont elles sont chargées ; les nuages s'abaissent avec les eaux qui viennent de se réunir dans leur sein ; les sages n'élèvent pas une tête orgueilleuse dans la prospérité. Ce penchant à s'incliner est le signe naturel auquel on reconnaît les bienfaisants.

63.

C'est l'étude et non pas les anneaux qui
font la parure de l'oreille, c'est la libéralité
et non pas les bracelets qui ornent la
main, c'est le secours prêté à autrui et
non pas le sandal qui embellit le corps
des compatissants.

64.

Il évite le méchant, il s'attache au bon,
il garde les secrets, il publie les qualités,
il ne repousse pas celui qui est tombé dans
l'adversité et il donne à propos : tels sont,
d'après les sages, les actes qui caractérisent un bon ami.

65.

Le soleil fait épanouir les lotus de jour
sur les lacs où ils croissent, la lune ouvre
la fleur des rangées de lotus de nuit, le
nuage donne la pluie sans qu'on la lui de-
mande : les bons offrent spontanément
leurs services, quand il s'agit d'être utiles
aux autres.

66.

Ceux qui oublient leur intérêt propre
pour veiller à celui des autres, sont des
sages; ceux qui, sans négliger leur intérêt,

prennent souci de celui des autres, sont
des hommes d'une vertu ordinaire; ceux
qui nuisent à l'intérêt des autres pour fa-
voriser le leur, sont des démons incarnés;
mais de quel nom qualifier ceux qui font
du mal aux autres, sans profit pour eux-
mêmes?

67.

Le lait mêlé à l'eau lui communique ses
bonnes qualités. Par *reconnaissance,*
lorsque, *dans la cuisson* de ce mélange,
l'eau remarque la souffrance éprouvée par
le lait, elle se répand d'elle-même dans le
feu. Le lait, voyant le douloureux sacrifice de son amie, s'apprête à se précipiter
à son tour dans le feu, mais il s'apaise si
l'eau revient s'unir à lui : c'est une image
de l'amitié des bons (17).

68.

Que la mer a d'étendue et de force !
quels fardeaux elle supporte ! C'est là que
dort Vishnu, c'est là que se trouve la
troupe de ses ennemis, c'est là que les
montagnes ailées sont venues chercher un
refuge, c'est là que brûle le feu sous-
marin, et que sont toutes les forces desti-
nées à détruire le monde.

69.

Le fardeau de la terre qui pèse sur la tortue ne la fait donc pas souffrir, qu'elle ne s'en débarrasse pas [18] ? L'astre du jour ne ressent donc pas de fatigue, qu'il ne se tient pas en repos sur la montagne du couchant ? Si ; mais l'honnête homme ne rougirait-il pas de manquer à un engagement ? C'est un devoir sacré pour les gens de bien de persévérer dans une entreprise dont ils se sont chargés.

70.

Abats la concupiscence, sois patient, rejette l'illusion, ne prends pas plaisir au mal, ne dis que la vérité, suis la trace des bons, honore les sages, témoigne du respect à ceux qui en sont dignes, cherche à te concilier même tes ennemis, cache tes bonnes qualités, soigne ta réputation, sois miséricordieux pour les infortunés. Voilà la manière d'agir des gens de bien.

71.

Combien y a-t-il de ces gens de bien dont les pensées, les paroles et les actes sont pénétrés du nectar de la vertu, qui

réjouissent les trois mondes par la série
de leurs bienfaits, et qui ayant fait passer
pour des montagnes les atomes de la vertu
des autres, ont le cœur constamment
épanoui ?

72.

Avant de posséder l'ambroisie, les dieux
ne jouissaient pas du repos, mais ils ne se
laissaient pas charmer néanmoins par les
perles de prix, ni effrayer par les poisons
les plus terribles : les hommes fermes
n'abandonnent pas les tâches qu'ils se sont
prescrites.

73.

Les gens au cœur bas n'entreprennent
rien par crainte des obstacles ; les hommes
médiocres suspendent leurs entreprises
quand ils rencontrent des obstacles; les
magnanimes n'abandonnent jamais ce
qu'ils ont entrepris, même si les obstacles
succèdent aux obstacles.

74.

L'homme porte en soi un grand ennemi, c'est la paresse; il n'a point d'ami
comme l'énergie : elle agit sans se relâcher
jamais.

75.

La fermeté est inaltérable, et tient bon au milieu des calamités : renversez un tison allumé, la flamme ne se dirigera pas pour cela vers le sol.

76.

Celui-là est un héros et conquiert les trois mondes [19] dont le cœur n'est pas percé par les flèches des regards obliques des bien aimées, auquel le repentir qui suit la colère ne cause pas de tourments et que les objets des sens ne tiraillent pas avec les cordes du désir.

77.

Mieux vaut se précipiter du haut de la cime d'une montagne et se briser le corps sur des rochers aigus, mieux vaut offrir sa main à la dent cruelle du roi des serpents, mieux vaut tomber dans le feu que de laisser altérer l'intégrité de son caractère.

78.

Pour l'homme chez lequel se manifeste un caractère que tout le monde vénère, le feu devient de l'eau, l'océan offre l'aspect d'une source, le Méru prend en un clin

d'œil les proportions d'une colline, le lion
se transforme subitement en gazelle, le
serpent revêt l'apparence de la tresse qui
attache une couronne, et le poison tombe
en pluie de nectar.

79.

L'homme de cœur qui veut atteindre le
but qu'il s'est proposé ne tient plus compte
ni du plaisir ni de la peine : tantôt il
couche sur la terre nue, tantôt il repose
dans un lit ; tantôt il se contente de feuilles
pour sa nourriture, tantôt il goûte à un
brouet de riz ; tantôt il porte des vêtements
en lambeaux, tantôt il est richement paré.

80.

L'affabilité est l'ornement de la puissance ; la modestie dans les discours,
celui de la valeur ; la paix de l'âme, celui
de la science ; la sagesse dans la conduite,
celui de l'instruction sacrée ; la libéralité
envers ceux qui en sont dignes, celui de
la richesse ; la douceur, celui de la pénitence ; l'indulgence, celui de la puissance ;
la droiture, celui de la fidélité à remplir
les devoirs de son état. Mais, de tous les
ornements, le plus beau est la vertu, car
de celui-là procèdent tous les autres.

4

81.

Que les habiles les blâment ou les louent, que la fortune les accompagne ou les abandonne, que la mort les surprenne sur l'heure ou leur accorde des siècles d'existence, les hommes d'un caractère ferme ne mettent jamais les pieds à côté du sentier du devoir.

82.

Un serpent gisait pressé au fond d'une corbeille, désespéré et exténué par la faim. Pendant la nuit, une souris fit un trou et vint lui tomber dans la gueule. Réconforté par cette aubaine, le serpent se hâta de s'enfuir par le chemin de la souris. Ne vous laissez jamais abattre, car c'est le destin seul qui cause la prospérité et la perte des hommes.

83.

La balle que la main lance à terre se relève sur-le-champ : en général, l'adversité ne dure pas longtemps pour les gens de bien.

84.

L'arbre coupé repousse, la lune réduite à rien reprend de l'accroissement : en considérant ces exemples, les honnêtes gens tombés dans la peine ne se désespèrent pas.

85.

Avec Brihaspati [20] pour général, la foudre pour javelot, les dieux pour soldats, le ciel pour citadelle, Vishnu pour allié, Airâvata [21] pour monture, Indra, malgré ces merveilleux auxiliaires, perdit la bataille qu'il livra à ses ennemis : le destin n'est-il pas le seul appui sur lequel on puisse compter? Nargue de l'activité humaine dont les efforts sont si vains !

86.

Un chauve dont les rayons de l'astre du jour brûlaient le crâne voulut gagner un lieu ombragé et se rendit guidé par le sort au pied d'un arbre vilva [22]; mais là même un fruit pesant lui tomba bruyamment sur la tête et la lui fracassa. D'ordinaire le malheur suit partout où il va l'homme que la fortune a abandonné.

87.

Voyant que, même les éléphants et les serpents, sont mis dans les liens, que le soleil et la lune sont exposés à devenir la proie de Râhu et que les hommes intelli-

gents tombent parfois dans la pauvreté,
je me dis : « Hélas ! que le destin est puissant ! »

88.

Si le créateur fait de l'homme la mine
de toutes les vertus, la perle destinée à
l'ornement de la terre, et qu'il le brise au
même instant, c'est, hélas ! une folie de sa
part.

89.

Est-ce la faute du printemps, si la tige
du karîra (23) n'a pas de feuilles ? Est-ce
la faute du soleil, si le hibou ne voit pas
pendant le jour ? Est-ce la faute du nuage,
si la pluie ne tombe pas dans le bec du
châtaka (24) ? Il n'est au pouvoir de personne d'effacer les lignes que le créateur a
tracées dès le principe sur notre front.

90.

Le destin, ce maître suprême, veille à
l'exécution des décrets qu'il a rendus à
l'égard de chacun en ce monde et le pro-
tecteur le plus puissant ne peut à cet égard
exercer la moindre influence. Un nuage
qui remplirait toute l'atmosphère aurait
beau se résoudre chaque jour en pluie,

c'est tout au plus si deux ou trois goutte-
lettes tomberaient dans le bec du châtaka.

91.

Qu'au prix des plus grands efforts on
plonge dans la mer, on monte au sommet
du Méru, on vainque ses ennemis dans la
bataille, on apprenne le négoce, l'agricul-
ture, le service, etc., toutes les sciences et
tous les arts et qu'on parcoure comme un
oiseau le vaste espace des airs, on ne fera
pas qu'ici-bas ce qui ne doit pas être, soit.
Comment empêcher ce qui doit avoir
lieu en vertu de la fatalité des fruits de
l'œuvre?

92.

Nous honorons les dieux, mais ne sont-
ils pas gouvernés par le destin? Il faut
donc honorer le destin. Mais le destin
attribue à chaque œuvre une récompense
déterminée. Or, si la récompense résulte
de l'œuvre, que devons-nous aux dieux,
que devons-nous au destin? C'est donc à
l'œuvre qu'il faut rendre hommage, car
elle échappe à la puissance du destin.

93.

Inclinons-nous devant le destin, fruit

de l'œuvre. C'est lui qui, pareil à un potier, a placé Brahmâ au sein de son œuf (le monde) comme dans un pot, c'est lui qui a jeté Vishnu dans l'inextricable dédale de ses dix incarnations, c'est lui qui a obligé Rudra [25] à errer en mendiant avec un crâne dans le creux de la main, et qui a ordonné au soleil de poursuivre sans relâche sa marche dans le ciel.

94.

La beauté, la noblesse, la force de caractère, la science, une cour assidue auprès des princes sont choses infécondes; mais les mérites accumulés au moyen des pénitences antérieures sont comme des arbres, et produisent, pour l'homme, des fruits en leur temps.

95.

Que l'homme soit plongé dans le sommeil, dépourvu de prévoyance, entouré de périls, ses mérites antérieurs sont sa sauvegarde dans la forêt, dans la bataille, au milieu des ennemis, des flots et des flammes, sur l'océan et au sommet des montagnes.

96.

Sage, ne t'épuise pas en vains efforts

pour pratiquer de nombreuses vertus;
acquiers seulement l'affabilité si tu veux
jouir du fruit désiré : des méchants elle
fait des bons, elle transforme les fous en
sages et les ennemis en amis, elle fait appa-
raître ce qui était caché et change en un
clin d'œil le poison en nectar.

97.

L'homme éclairé doit examiner attentivement l'issue des entreprises bonnes ou
mauvaises auxquelles il veut se livrer : le
repentir que causent les actes trop précipités est comme une flèche qui perce le
cœur et dont on souffre jusqu'au moment
de la mort.

98.

Le malheureux qui, arrivé sur cette
terre où l'œuvre détermine le sort futur,
n'exerce pas de pénitences, imite celui qui
ferait cuire du sésame dans un chaudron
de lapis-lazuli avec une brassée de sandal
pour combustible, ou qui retournerait la
terre avec un soc de charrue en or pour
arracher des racines d'arka [26] et abat-
trait une forêt de camphriers pour l'en-
tourer d'une haie de kodravas [27].

99.

Pour l'homme qui possède une ample provision de bonnes œuvres, une forêt effrayante tient lieu d'une grande ville, tout homme est honnête et la terre entière est remplie de pierres précieuses étalées devant ses yeux.

100.

Les hommes de cœur qui suivent comme une mère dont l'âme n'est que pureté, l'honneur, cette vertu nourrice de toutes les autres, font volontiers le sacrifice de leur vie dans leur zèle pour défendre la vérité à laquelle ils se sont voués; mais ils ne font jamais celui de la promesse qu'ils ont donnée.

TROISIÈME PARTIE.

LE RENONCEMENT.

I.

Victoire à Çiva le flambeau de la science! Comme un flambeau, il jette une flamme étincelante avec l'agréable croissant qu'il porte sur la tête en guise de diadème; comme un flambeau, il brûle ce papillon appelé l'Amour qui voltige en se jouant autour de lui; de même qu'un flambeau concentre son éclat à l'extrémité de la mèche, Çiva fait briller le sien au sein de la félicité; comme un flambeau enfin éclaire une maison, Çiva luit dans le cœur des ascètes d'où il chasse l'obscurité profonde, en dissipant l'aveuglement qui y règne.

2.

Les savants sont rongés d'envie, les princes sont infectés d'orgueil, le reste succombe sous le poids de sa sottise : comment pourrais-je arracher l'éloge de ma gorge ?

3.

Rien de ce qui arrive dans ce monde matériel ne me semble avantageux : les conséquences des bonnes œuvres me font trembler quand j'y réfléchis. Les grandes jouissances que procurent à la longue les grands mérites accumulés amènent à leur suite les peines cuisantes auxquelles sont exposés ceux qui se livrent à ces jouissances.

4.

J'ai parcouru une contrée qu'accidentent de nombreuses montagnes et je n'y ai fait aucun profit ; dépouillant la fierté qui convenait à mon rang et à ma naissance, j'ai consenti à servir les autres, mais je n'en ai pas retiré de fruit ; je me suis assis sans vergogne à la table des étrangers en proie comme la grue à une inquiétude constante. O ambition, toi qui te plais au mal, tu continues pourtant d'ouvrir tes mâchoires et tu n'es pas encore satisfaite !

5.

Dans ma soif d'un trésor, j'ai fouillé la surface de la terre, j'ai fondu les métaux dans la montagne, j'ai traversé les mers, j'ai fait aux princes une cour assidue, j'ai passé des nuits dans les nécropoles pour évoquer les morts au moyen de formules magiques : je n'ai pas amassé une obole. O concupiscence, me laisseras-tu maintenant?

6.

J'ai supporté, quoi qu'il m'en ait coûté, les invectives des méchants dans l'espoir d'obtenir leurs bonnes grâces ; j'ai dévoré mes larmes et je me suis efforcé de sourire, malgré que mon cœur fût vide; j'ai courbé humblement la tête devant les sots. O concupiscence, frivole concupiscence, me feras-tu danser encore?

7.

A quoi n'avons-nous pas eu recours, insensés que nous sommes, dans l'intérêt de cette vie aussi éphémère que les gouttes d'eau qu'on voit sur la fleur du lotus? Nous avons assez oublié la modestie pour commettre la faute de vanter nos propres qualités en présence de riches enivrés de leur fortune !

8.

Nous n'avons pas joui, mais nous avons été des sujets de jouissance ; nous n'avons pas fait pénitence, mais nous avons été macérés *par les peines de la vie ;* le temps n'a pas marché, mais nous avons vieilli ; nos désirs n'ont pas diminué, c'est nous qui nous éteignons.

9.

Mon visage est sillonné de rides, ma tête parsemée de cheveux blancs, mes membres défaillent, mes désirs seuls ont toute l'ardeur de la jeunesse.

10.

Le désir des jouissances a cessé pour nous, le respect des hommes a disparu, nos contemporains sont au ciel et bientôt nos amis que nous chérissons autant que la vie les y suivront ; nous ne pouvons nous lever que lentement et à l'aide d'un bâton ; une obscurité profonde s'est étendue sur nos yeux, notre corps, hélas ! est cassé et, pourtant, il tremble à l'approche de la mort.

11.

Il est une rivière appelée espérance; ses
eaux sont les désirs; elle est agitée par les
flots de la concupiscence; elle a pour cro-
codiles les passions, pour oiseaux les ré-
flexions; elle mine l'arbre de la fermeté
planté sur ses bords, le gouffre de l'aveuglement en rend la traversée très-difficile;
ses bords escarpés sont les montagnes des
soucis : les victorieux ascètes au cœur pur
qui en ont atteint l'autre rive sont remplis de joie.

12.

Ceux dont l'âme est éclairée par la joie
du contentement goûtent un bonheur
constant, ceux au contraire dont la pensée
est troublée par le désir des richesses sont
en proie aux tourments de l'ambition.
Aussi, me demandé-je pour qui le créateur a fait le Méru, ce réceptacle des richesses; l'immense quantité d'or qu'il
contient ne satisfait que lui-même et, par
conséquent, il n'a point de charme pour
moi.

13.

Les objets des sens, quelle que soit la
durée de leur union avec nous, nous aban-

5

donnent nécessairement un jour. Quelle
différence y a-t-il à attendre qu'ils s'en
aillent ou à les quitter spontanément?
Quand ils partent d'eux-mêmes, ils causent au cœur une douleur sans égale; si
c'est l'homme qui prend l'initiative de la
séparation, il se procure le bonheur éter-
nel de l'apaisement.

14.

Les hommes à l'âme pure qu'éclaire la
science de Brahma font, à vrai dire, une
besogne pénible en renonçant absolument
aux richesses, quoiqu'elles soient la source
des jouissances, et en abandonnant les
objets de leurs désirs. Nous ne possédons
pourtant en réalité ni nos acquisitions
d'autrefois, ni celles d'aujourd'hui, car
nous ne pouvons rien projeter de solide sur
leur durée entre nos mains; nous ne sommes donc pas en droit de dire que nous
quittons des biens que nous ne tenons
qu'en imagination.

15.

Les oiseaux viennent se poser sans
crainte dans le sein des bienheureux qui
habitent les grottes des montagnes, livrés
à la contemplation de la lumière suprême,

et boivent les larmes de bonheur qui coulent de leurs yeux; pour nous, le meilleur de notre vie se passe à jouir de palais, de lacs aux belles rives, de parcs de plaisance, de jeux et de nouveautés qui sont uniquement évoqués par notre imagination.

16.

N'est-ce pas lamentable qu'on ait encore de l'attachement pour les objets des sens, quand on prend pour toute nourriture le repas sans saveur et unique fourni par l'aumône, qu'on a la terre pour couche, son propre corps pour serviteur, et pour vêtement une saie faite de cent haillons rattachés ensemble?

17.

Les formes des femmes ont été célébrées par les meilleurs poëtes, malgré les critiques qu'elles méritent : leurs seins, ces deux excroissances charnues, ont été comparés à deux flacons d'or, leur visage, par toutes les ouvertures duquel sortent des sécrétions, a été assimilé à la lune...

18.

Le ministre comme le poëte n'est jamais délivré du poids des soucis : il tire de loin de nouvelles ressources (ou, un nouveau sens pour un mot), il méprise les discours du commun pour se plaire surtout à l'approbation de l'assemblée des sages, enfin, il atteint petit à petit une haute situation (ou, il fait un vers) en se conformant aux idées du monde.

19.

Le papillon vient, sans le savoir, se brûler au feu de la lampe ; le poisson vient, sans le savoir, se prendre à l'appât qui est attaché à l'hameçon ; nous, qui savons bien que les désirs ne sont qu'un réseau tissu de malheur, nous ne les abandonnons pas. Hélas ! combien est profond le gouffre de notre aveuglement !

20.

. La terre est limitée par l'océan et l'océan lui-même ne s'étend qu'à une centaine de yojanas (1), le soleil de son côté mesure chaque jour dans sa course la circonférence du ciel : ainsi toutes les choses sont en général scellées par des bornes saillantes comme par un cachet, mais l'élan de la science des sages n'a pas de limites. Célébrons leur gloire !

21.

—« Ma maison est haute, mes fils jouissent de l'estime des grands, mes richesses
sont incalculables, ma bien-aimée est ravissante et ma jeunesse dans sa fleur. » —
Ainsi pense l'ignorant dans son aveuglement; et, s'imaginant que tous ces avantages sont éternels, il s'enferme dans la
prison de ce monde. Celui, au contraire,
qui est assez heureux pour voir que tout
ici-bas est éphémère se voue au renoncement et à la vie contemplative.

22.

Quel est le sage qui, voyant une malheureuse mère de famille n'ayant rien
mangé depuis longtemps et dont les en-
fants affamés et hâves tiraillent à grands
cris les haillons qui la couvrent, pourrait,
pour apaiser la faim qui ronge ses propres
entrailles, essayer de dire « donnez-moi »
avec un bégaiement causé par la crainte
de subir un refus qui lui clouerait ces paroles dans la gorge?

23.

Ce pot difficile à remplir qu'on appelle
le ventre se plaît à contrefaire : comme

le voleur, il est très-habile à couper la bourse de la dignité; comme la lune dont le pur éclat fait fermer les lotus de jour, il éteint toutes les meilleures qualités; comme une hache, il tranche la liane luxuriante de l'honneur.

24.

Quand un homme affamé qui parcourt, pour donner quelque nourriture à son estomac creux, un village sacré ou une forêt profonde, va de porte en porte, ayant à la main une sébile recouverte d'un linge blanc, et frappe à celles qui renferment de vertueux brâhmanes, dont les sacrifices ont, par leur fumée, noirci l'entrée du logis, cet homme est honorable et trouve assistance — mais non pas celui qui vit misérablement, au jour le jour, au milieu de ses pareils.

25.

Les retraites de l'Himâlaya que rafraîchit la pluie fine projetée par les flots du Gange et dont les agréables plateaux rocheux sont fréquentés par les Vidyâdharas [2] ont donc cessé d'exister, que les hommes se plaisent à manger le pain d'autrui obtenu au prix de leur humiliation?

26.

Est-ce que les grottes n'ont plus de racines ? Est-ce que les cascades ont disparu des montagnes ? Est-ce que les arbres ont perdu leurs branches chargées de fruits savoureux et d'écorce pour se vêtir, que l'on se presse pour contempler le visage de méchants hautains sur lequel on voit s'agiter les lianes des sourcils au souffle de l'orgueil que provoque un peu de richesse péniblement acquise ?

27.

Suis maintenant, ô mon cœur, une existence conforme à tes goûts en te nourrissant de racines et de fruits purs et en ayant pour couche la terre jonchée simplement d'un lit de bourgeons nouveaux ; lève-toi ! partons pour la forêt. Là nous n'entendrons pas même le nom de ces maîtres de bas étage dont l'aveuglement obscurcit le cœur et dont les paroles ressentent constamment l'influence du délire causé par la fièvre des richesses.

28.

Il est, dans chaque forêt, des fruits qu'on peut ramasser sans fatigue et au

gré de ses désirs; il est en tous lieux des
rivières où coule en flots purs une eau
fraîche et savoureuse; il est partout de
molles couches faites de jeunes pousses de
liane, et pourtant des malheureux se mor-
fondent à la porte des riches.

29.

Puissé-je, couché sur un lit de cailloux
dans une grotte de la montagne, réfléchir,
le cœur joyeux, aux moments où la méditation est interrompue, sur ces jours si
longs au malheureux qui tend la main
aux riches, et qui passent vite pour celui
qui s'est habitué à se séparer des objets des
sens!

30.

Un dieu : Vishnou ou Çiva; un ami :
prince ou ascète; un séjour : la ville ou
la forêt; une épouse : une belle ou une
grotte.

31.

Voilà un ascète; il se nourrit d'aumônes, il vit parmi les hommes sans avoir
de relations avec eux, tous ses actes ne dé-
pendent que de lui, il se plaît à suivre
une voie sur laquelle il est également in-
différent de donner et de recevoir, il porte

un manteau fait de haillons traînant sur
les chemins rattachés ensemble, il est sans
orgueil, sans égoïsme et n'éprouve qu'un
désir, celui de goûter le nectar de l'apaisement.

32.

Dans la jouissance on craint de tomber
malade, dans la noblesse on craint de dé-
choir, dans la fortune on craint le roi,
dans l'élévation on craint l'abaissement,
dans la puissance on craint les ennemis,
dans la beauté on craint une jeune fille,
dans la science on craint les contradicteurs, dans la vertu on craint les méchants, pour le corps on craint le dieu
de la mort; tout sur terre est exposé à
la crainte, le renoncement seul en est
exempt.

33.

Ce qui a vie est assailli par la mort; la
florissante jeunesse se retire à mesure que
les années se succèdent; le contentement
est mis en fuite par la soif des richesses, et
l'heureuse paix du cœur par les coquettes
agaceries des jeunes filles; les vertus sont
déchirées par les envieux, les forêts sont
infestées par les bêtes féroces, les princes

sont victimes des méchants, les grandeurs
périssent par l'effet de l'inconstance. Est-il
quelque chose qui ne soit pas détruit?
Est-il quelque chose qui ne soit pas destructeur?

34.

La santé de l'homme est détruite par les
soucis et les maladies de toute sorte ; là,
où la fortune est descendue, le malheur
entre à sa suite comme par une porte ouverte ; la mort s'approprie tous les êtres les
uns après les autres sans qu'ils puissent
opposer de résistance pour échapper à leur
sort. Qu'y a-t-il donc de solide dans ce
que le tout-puissant Brahmâ a créé?

35.

Les jouissances ont l'instabilité des
hautes vagues qui s'entrechoquent, la vie
s'évanouit en un clin d'œil, le bonheur
de la jeunesse ne dure que peu de jours,
l'attachement que nous portons à ce qui
nous est cher n'a point de bases solides ;
ô sages ! vous qui connaissez combien tout
ce monde manque de réalité, employez
activement votre intelligence habile à rendre service, à l'enseigner aux hommes.

36.

Les jouissances des hommes ont la mobilité de l'éclair qui serpente au sein du nuage; leur vie n'a pas plus de consistance que l'eau supendue dans les vapeurs aériennes que disperse le vent; leurs désirs juvéniles manquent de solidité. Sages, qui connaissez ces vérités, appliquez votre esprit à méditer sur l'union avec l'âme suprême, qu'il est facile d'accomplir au moyen de la contemplation dont la constance est l'instrument.

37.

La vie a l'instabilité des flots, l'éclat de la jeunesse ne dure que peu de jours, les biens sont aussi fugitifs que la pensée, toutes les jouissances n'ont que le scintillement éphémère de l'éclair dans la saison des pluies et les embrassements d'une bien-aimée qui vous presse sur son sein ne se prolongent pas; ayez donc la pensée fixée sur Brahma afin de passer sur l'autre rive de cette mer effrayante qu'on appelle la vie.

38.

Dans le sein de notre mère, nous habitons à l'étroit et péniblement une de-

meure impure; dans la jeunesse nos
plaisirs sont contrariés par le chagrin que
nous cause l'éloignement de nos bien-
aimées; la vieillesse aussi est pénible car
nous devenons alors l'objet du mépris et
des moqueries des jeunes filles aux beaux
yeux. Hommes! dites-moi s'il est en ce
monde la plus légère parcelle de bonheur.

39.

La vieillesse est semblable à un tigre
qui nous guette en nous menaçant, les
maladies sont pareilles à des ennemis qui
se ruent sur notre corps, la vie s'écoule
comme l'eau d'une cruche cassée... Comment s'expliquer que, malgré cela, l'homme
se livre au mal!

40.

Les jouissances diverses sont éphémères
et pourtant ce sont elles qui constituent
cette vie. Quel est donc, ô mortels, le but
de vos agitations? Assez de vaines fatigues! Si mes paroles méritent d'être crues,
faites pénétrer par la méditation votre âme
purifiée par la rupture des cent liens de
l'espérance, dans le séjour de bonheur qui
lui est destiné et où elle entre en possession de ses désirs.

41.

Il est une science unique, suprême qui, une fois née, va se développant sans cesse ; celui qui la possède regarde tous les dieux, Brahmâ et Indra en tête, comme une poignée d'herbe sèche ; celui qui l'a goûtée trouve insipides toutes les grandeurs de ce monde, à commencer par la souveraineté des trois mondes. Sages, ne mettez pas votre plaisir dans des jouissances qui lui sont étrangères et passent en un clin d'œil (3).

42.

Hommage soit rendu au temps ! C'est grâce à lui que cette ville est charmante, ce roi puissant, cette foule de vassaux et ces conseillers expérimentés qui se tiennent à ses côtés, ces jeunes filles dont le visage rivalise de beauté avec la lune, ces fiers descendants de races royales, ces poëtes, ces récits, tout en un mot échoit en partage au souvenir.

43.

Cette maison, qui avait autrefois plusieurs habitants, n'en a plus qu'un seul maintenant ; cette autre, qui n'en avait qu'un d'abord, en a eu plusieurs ensuite, et a fini par n'en plus avoir. C'est ainsi que Kâla et Kâlî (le Temps et la déesse de la destruction) jouent ensemble, sur l'échiquier du monde, avec deux dés qui sont le jour et la nuit, et les hommes comme pièces d'échec.

44.

La vie diminue chaque jour ; à mesure que le soleil se lève et se couche, dans le tracas des affaires, sous le poids de mille soucis, on ne se rend pas compte du temps qui s'écoule ; on voit sans frémir les hommes qui naissent, vieillissent, souffrent et meurent : ce monde a bu la liqueur de l'imprévoyance et de l'aveuglement, et il s'est enivré.

45.

Les hommes dépourvus d'intelligence, s'imaginant que le même jour et la même nuit recommencent indéfiniment, courent se remettre à la peine comme auparavant et reprennent chacun en silence la tâche commencée. Hélas ! comment ne rougissons-nous pas de la folie avec laquelle nous les imitons en souffrant les tourments de cette vie dont toute l'occupation consiste à jouir à diverses reprises des mêmes objets ?

46.

Nous n'avons pas dirigé, comme il le fallait, nos méditations vers l'Être suprême, de façon à briser le cercle de la transmigration ; nous n'avons pas accumulé les mérites capables de nous ouvrir les deux battants de la porte du ciel ; nous n'avons pas, même en rêve, serré dans nos bras une femme aux charmes ravissants : nous ne sommes que des haches qui avons abattu l'arbre de la jeunesse de notre mère.

47.

Nous ne nous sommes pas rendus maîtres sur cette terre de la science qui sied aux hommes bien élevés et au moyen de laquelle on impose silence aux contradicteurs ; nous n'avons pas porté notre gloire jusqu'aux nues en enlevant à la pointe de l'épée les bosses que l'éléphant porte sur le front ; nous n'avons pas sucé au lever de la lune le nectar que distille la lèvre charmante d'une bien-aimée : notre jeunesse, hélas ! s'est usée sans fruit, comme une lampe dans une maison vide.

48.

Nous n'avons pas acquis la science pure,

nous n'avons pas amassé de richesses, nous n'avons pas obéi d'un cœur soumis aux ordres de nos parents, nous n'avons pas pressé dans nos bras, même en rêve, des jeunes filles aux grands yeux pleins de vivacité : tout notre temps s'est passé comme celui des grues à mendier le pain d'autrui.

49.

Ceux qui nous ont donné le jour sont bien loin de nous, nos camarades d'âge ne vivent plus que dans notre souvenir : notre chute devient chaque jour plus imminente, et notre situation est pareille à celle d'un arbre planté sur la rive sablonneuse d'une rivière.

5o.

La vie de l'homme est limitée à cent ans : la nuit en prend la moitié, la moitié de l'autre moitié est absorbée par l'enfance et la vieillesse ; le reste se passe au milieu des maladies, des séparations et des adversités qui l'accompagnent, à servir autrui et à vaquer à d'autres occupations analogues. Où trouver le bonheur dans une existence qui ressemble aux bulles que produit dans l'eau l'agitation des flots ?

51.

L'homme a un moment d'enfance, puis
un moment de jeunesse amoureuse ; il
est un moment sans fortune et un moment comblé de richesse ; à la fin de sa
vie quand il succombe sous la vieillesse
et qu'il a le corps couvert de rides, il se
retire comme un acteur derrière le rideau
qui masque la demeure de Yama (4).

52.

Tu es roi ; nous, nous sommes des
maîtres écoutés dont la grandeur et l'autorité reposent sur la sagesse. Tes richesses font ta gloire ; les poëtes célèbrent
la nôtre dans toutes les contrées de l'univers. Ainsi, ô dispensateur des honneurs,
il n'y a pas entre nous une grande dis-
tance, et, si tu nous dédaignes, nous,
nous éprouvons, pour tout ce qui nous
entoure, une indifférence et un détache-
ment absolus.

53.

O Roi ! tu exerces ton empire sur des
richesses, nous exerçons le nôtre sur des
discours ; tu es un héros, nous, nous possédons une habileté que rien ne saurait
détruire, à calmer la fièvre d'orgueil des

critiques ; ceux qu'aveuglent les richesses
te font la cour, moi je reçois les hom-
mages des hommes qui désirent entendre
comment on enlève les taches de l'esprit ;
si tu n'as rien à tirer de moi, j'ai encore
moins à tirer de toi.

54.

Je me contente d'écorces d'arbres pour
vêtements, à toi, il faut de riches mous-
selines. Nous sommes également satisfaits,
et cette différence n'en est pas une : le
pauvre est celui dont les désirs sont
vastes. Parmi ceux dont le cœur est con-
tent, il n'y a ni pauvres ni riches.

55.

Je ne puis approuver la conduite des
hommes sans frein dont un breuvage
enivrant — une poignée d'or — a troublé
tous les sens. N'y a-t-il pas, en effet, à
l'usage de chacun assez de fruits pour la
faim, de l'eau douce pour la soif, la terre
pour couche et l'écorce des arbres pour
vêtements ?

56.

Mangeons le pain de l'aumône, n'ayons
pour vêtements que l'air qui nous enve-

loppe, couchons sur la terre : qu'aurons-
nous à faire aux princes ?

57.

Nous ne sommes ni des acteurs, ni des
libertins, ni des chanteurs, ni des conteurs
renommés et licencieux, ni des femmes
courbées sous le poids de leurs seins ;
qu'avons-nous à nous approcher du roi ?

58.

Ce monde a été créé par de grands sages,
d'autres l'ont possédé, d'autres qui en
avaient fait la conquête l'ont rejeté comme
un vil fétu (5) ; il est aussi dans cet univers quatorze autres sages qui gouvernent
les mondes (étagés au-dessus et au-dessous
de la terre) : comment s'expliquer ces
accès de folie qui s'emparent des hommes
par suite de la possession de quelques
villes ?

59.

Il ne se passe pas un instant sans que
des centaines de princes ne se disputent
la jouissance de cette terre, et cependant
les rois mettent leur orgueil à la posséder.
Les maîtres se réjouissent follement d'en
acquérir la plus mince parcelle, tandis

qu'ils devraient s'en abstenir avec ré-
pulsion.

60.

Toute cette motte de terre qu'entoure
une ceinture d'eau n'est qu'un atome ;
une foule de rois en jouissent après en
avoir fait le partage au prix de cent com-
bats et souffrent cruellement quand il faut
qu'ils donnent quelque chose. Combien,
à plus forte raison, les misérables sujets !
Honte ! honte aux hommes vils qui leur
demandent un peu d'or !

61.

Celui-là est véritablement né, sur la
tête duquel l'ennemi du dieu de l'amour
(Çiva) a placé en guise de parure un
crâne blanchi. Quelle n'est pas la mali-
gnité sans égale de la fièvre d'orgueil dont
souffrent les hommes que quelques-uns
seulement de ceux qui appliquent leur
intelligence à soutenir leur vie s'inclinent
aujourd'hui devant lui ?

62.

Pourquoi t'es tu jeté, ô mon cœur, dans
un dédale de misères en essayant chaque
jour et par divers moyens de te concilier
la bienveillance des autres ? Si tu étais toi-

même concilié et apaisé, ta volonté purifiée verrait éclore en elle les dons de la pierre précieuse magique [6] et tous tes désirs obtiendraient leur accomplissement.

63.

Pourquoi, ô mon cœur, ces vaines agitations? Repose-toi quelque part. Les choses sont comme elles se font et pas autrement. Oublie le passé, ne pense pas à l'avenir et goûte les plaisirs d'ici-bas qui arrivent et disparaissent à l'improviste.

64.

Éloigne-toi, ô mon cœur, de ce gouffre au fond duquel s'agitent, avec tant de fatigues, ceux qui poursuivent les objets des sens; prends la route du salut sur laquelle toutes les peines s'apaisent en un instant; réunis-toi à l'âme suprême et quitte ta propre voie qui est instable comme l'onde; ne mets plus ton plaisir dans les choses périssables; sois-moi enfin favorable !

65.

O mon cœur, purifie-toi de l'aveuglement, place ta joie en celui qui porte pour diadème une moitié de la lune

(Çiva), prends plaisir à te fixer sur les rives de la rivière du ciel (le Gange). Quelle confiance pourrais-tu avoir dans les flots, les bulles qui se forment à la surface de l'eau, les traits de l'éclair, les biens de la fortune, l'extrémité des flammes, les serpents et les gués des torrents (toutes choses mobiles et instables)?

66.

N'accorde aucune confiance, ô mon cœur, à l'inconstante déesse de la fortune ; c'est une courtisane vénale qui abandonne ses amants sur un froncement de sourcil du prince. Prenons la saie d'ascète et allons de porte en porte dans les rues de Bénarès, en attendant que l'aumône nous tombe dans la main que nous tendons en guise d'écuelle.

67.

Si, sous tes yeux, retentissent des chants agréables, qu'à tes côtés soient assis d'excellents poëtes venus du sud et que derrière toi résonne le cliquetis charmant des bracelets de jeunes filles tenant à la main des chasse-mouches faits de queues d'yacks, goûte avec avidité aux voluptés mondaines ; sinon, ô mon cœur, plonge-toi

sans tarder dans la contemplation exempte
de tout exercice de la pensée.

68.

On jouit d'une prospérité qui permet
de réaliser tous ses désirs. Après ? On a
mis le pied sur la tête de ses ennemis.
Après ? On a consacré ses richesses à éle-
ver ses favoris. Après ? On vivrait des
milliers d'années. Après ?

69.

Se consacrer au culte de Çiva, avoir
dans son cœur la crainte de l'éternelle
succession de la naissance et de la mort,
se détacher de ses proches, échapper aux
émotions diverses que produisent les passions amoureuses, se reléguer dans des
forêts désertes, loin des fautes auxquelles
donne lieu la fréquentation des hommes,
voilà le renoncement, et que saurait-on
désirer de plus ?

70.

Dirige donc ta pensée sur Brahma,
l'être immortel, immuable, suprême, qui
se développe spontanément, et abandonne
ces illusions mauvaises (ou, qui ne reposent que sur le non-être) ; tout ce qui

s'y rattache, comme la jouissance de régner et les autres, n'est estimé que par des hommes qui méritent la pitié.

71.

Tu descends aux enfers, tu montes aux cieux, tu parcours, ô mon cœur, dans ton instabilité tous les points de l'horizon. Comment se fait-il que, dans tant d'agitations, tu ne penses pas à Brahma, l'être pur qui repose en lui-même ? Est-il possible sans cela d'obtenir l'apaisement ?

72.

O Terre, ma mère ! Air, mon père ! Feu, mon ami ! Eau, ma sœur ! Éther, mon frère (7) ! Voici le dernier hommage que je vous rends, les mains jointes. Brillant de l'éclat de tous les mérites que j'ai acquis en vivant au milieu de vous, délivré de mon aveuglement par la science pure, je vais me confondre avec l'âme suprême.

73.

Celui qui règne dans le monde des dieux a debout auprès de lui des éléphants somnolents dont les tempes sont ouvertes pour livrer passage à la liqueur

qui en jaillit à l'époque du rut ; à la porte
de son palais hennissent des chevaux fou-
gueux et couverts d'or ; il est réveillé de
son sommeil au son des luths, des flûtes,
des tambours, des trompettes et des cym-
bales ; — les honneurs réservés à la vertu
ont tout l'éclat de ceux-là.

74.

Le corps s'est replié sur lui-même, la
démarche est hésitante, les dents s'ébrè-
chent, la vue s'éteint, la surdité est survenue, la bouche laisse échapper la salive,
les familiers ne tiennent plus compte de
ce qu'on dit, l'épouse n'obéit plus. La
vieillesse, hélas ! est une triste période de
la vie : le fils lui-même devient un ennemi.

75.

Quand les jeunes filles ont remarqué
une tache blanche dans la chevelure d'un
homme, elles y voient par excellence un
signe qui excite au mépris et elles l'évitent
comme elles se détourneraient de la fon-
taine d'un paria que désigne un morceau
d'os planté auprès.

76.

Tandis que le corps est fort et bien
portant, que la vieillesse est éloignée, que
les sens ont toute leur vigueur et la jeunesse toute son énergie, le sage doit consacrer les plus grands efforts au salut de
son âme. C'est peine perdue de creuser un
puits quand la maison brûle.

77.

Notre vie ne dure qu'un clin d'œil, et
nous ne savons que faire! Nous livrerons-
nous à la pénitence sur le bord des di-
vines eaux du Gange ? Entourerons-nous
de nos respectueux égards une épouse
vertueuse ? Nous désaltérerons-nous aux
sources de la science ou à la coupe d'ambroisie que remplissent les poëtes de tous
les genres ?

78.

Le maître est difficile à contenter, les
princes ont les pensées plus rapides que
les pieds des chevaux ; nous avons pourtant des ambitions temporelles et nous
nous donnons comme but un poste élevé.
Dans l'intervalle, la vieillesse mine notre
corps et la mort met fin à notre vie.

Ami, il n'est pas en ce monde d'autre
moyen de salut pour le sage que la pénitence.

79.

La considération n'existe plus, la vigueur du corps est entamée, les sollicitations n'obtiennent que de vains résultats, les parents sont morts, les serviteurs
sont partis, la jeunesse s'est évanouie petit
à petit ; il ne reste aux sages qu'un parti
convenable à prendre : se fixer sur les
rochers que purifient les flots du Gange,
ou dans une grotte d'une reine des montagnes, ou dans un antre ombragé de
broussailles.

80.

Agréables sont les rayons de la lune,
agréables, au sein des forêts, les clairières
tapissées de gazon, agréable, le plaisir
qu'on trouve dans la fréquentation des
sages, agréables, les récits des poëtes,
agréable, le visage de la bien-aimée sur
lequel roule une larme que le dépit a fait
naître ; mais adieu l'agrément *de toutes
ces belles choses,* si l'on vient à penser
combien elles sont fugitives !

81.

N'est-il pas agréable d'habiter un palais? Le chant et la musique ne font-ils pas plaisir à entendre ?. Ne goûte-t-on pas un bonheur suprême dans la société de celle qu'on aime autant que la vie ? Et cependant les sages considérant toutes choses comme aussi vacillantes que la flamme de la lampe agitée par l'air que mettent en mouvement les ailes du papillon voltigeant alentour, sont partis pour la forêt.

82.

Quoique nous ayons observé les trois mondes dans tous les sens, nous n'avons jamais vu ni connu par ouï-dire d'homme qui soit parvenu à attacher au poteau de la continence un éléphant dont le cœur est enflammé par les désirs véhéments que lui inspire sa femelle.

83.

Les désirs se sont flétris dans notre cœur, la jeunesse a quitté nos membres, nos vertus sont restées stériles faute d'appréciateurs. Que convient-il de faire ? Le Temps, ce dieu puissant, et la Mort impitoyable s'avancent avec précipitation. Nous n'avons pas porté nos méditations aux pieds du meurtrier du dieu de l'amour (Çiva) et pourtant c'est notre seul moyen de délivrance.

84.

Il n'est pas pour moi de différence essentielle entre Çiva, le maître des mondes, et Vishnu, l'âme de l'univers ; cependant ma dévotion s'adresse à celui qui porte pour diadème un croissant (Çiva).

85.

Quand serons-nous assis avec bonheur et le visage sillonné de larmes de joie durant les nuits silencieuses sur un banc de sable de la rivière du ciel (le Gange), éclairé par les pâles clartés de la lune rayonnante, nous éloignant avec effroi de la diversité des apparences matérielles et criant à haute voix Çiva ! Çiva ! Çiva !

86.

Quand est-ce que, tous nos biens étant épuisés, nous nous rendrons, le cœur rempli d'une tendre compassion et rappelant à notre souvenir combien l'expérience des choses mondaines est vaine et pénible, dans une forêt sacrée où nous

6.

passerons des nuits éclairées par les rayons de la lune d'automne en réfugiant uniquement notre pensée aux pieds de Çiva ?

87.

Quand est-ce qu'ayant fixé mon séjour à Bénarès sur le bord de la rivière des dieux (le Gange), vêtu d'un pagne qui couvre ma nudité, tenant les mains jointes au-dessus de ma tête et m'écriant « O ! époux de Gaurî [8], destructeur de Tripura [9], Çamba [10], Çiva aux trois yeux, sois-moi favorable », je verrai mes jours passer comme un clin d'œil ?

88.

Quand est-ce, ô Seigneur, qu'après avoir fait mes ablutions dans les eaux du Gange, t'ayant honoré avec des fleurs et des fruits purs, méditant sur l'objet suprême de la pensée dans la grotte de la montagne, au fond de laquelle je reposerai sur un lit de cailloux, trouvant ma satisfaction en moi-même, me nourrissant de fruits et écoutant attentivement les paroles de mon précepteur spirituel, je pourrai, ô l'ennemi du dieu de l'amour, me délivrer du malheur inséparable de la cour qu'on fait à des hommes ayant le

même nombre de mains et de pieds que
soi ?

89.

Je tiens pour indépendants au suprême
degré ceux qui ont pour couche un lit de
cailloux, pour demeure l'antre d'une montagne, pour vêtements l'écorce des arbres,
pour amies les gazelles, pour nourriture
les fruits savoureux des arbres, pour breuvage l'eau qui tombe des cascades, pour
épouse voluptueuse la science et qui
n'élèvent pas les mains jointes au-dessus
de leurs têtes en guise de soumission.

90.

Quand serai-je, ô Çiva, un solitaire
sans désirs, apaisé de cœur, me servant
de la main comme d'une coupe (pour
boire ou mendier) sans autres vêtements
que l'air dont je serai enveloppé et capable
de déraciner l'œuvre (afin d'en voir cesser
les effets et de m'unir ainsi à l'âme uni-
verselle) ?

91.

Nous avons souffert, mais sans patience ; nous avons perdu le bonheur
qu'on trouve dans sa maison, mais nous
ne l'avons pas abandonné volontairement ;

nous avons subi péniblement le chaud et
le froid, mais l'esprit de pénitence nous
faisait défaut ; nous avons médité dans
un profond recueillement sur les richesses,
mais non pas sur la nature de Çiva : tout
ce que font les ascètes nous l'avons fait,
mais les fruits qu'ils recueillent de leurs
œuvres ne nous sont pas dus et nous
échapperont.

92.

Pourrions-nous envier la souveraineté
des trois mondes quand, couverts d'un
pagne formé de cent haillons rattachés
ensemble et d'un manteau semblable, sans
soucis d'aucune sorte, vivant d'aumônes
faciles à recueillir, couchant dans un ci-
metière ou dans la forêt, nous jouissons
de notre libre arbitre en toute indépendance, allons où nous voulons et prati-
quons sans cesse la vie contemplative
avec constance et d'un cœur apaisé et
toujours fixé sur son but?

93.

La terre est sa couche, les tiges de liane
ses coussins, le ciel son pavillon, la lune
sa lampe ; les points cardinaux sont les
jeunes filles qui, avec les zéphyrs en guise

d'éventails, agitent l'air autour de lui...
Le religieux mendiant, bien qu'ayant renoncé à tous ses désirs, est, *dans la re-*
traite où il repose, pareil à un prince sur
la terre.

94.

Un lambeau de terre, une mince parcelle de l'univers pourrait-elle troubler le
cœur du sage? Les sauts de la çapharî [11]
suffisent-ils à agiter l'Océan ?

95.

A-t-on la bouche desséchée par la soif?
on prend des rafraîchissements agréables ;
est-on tourmenté de la faim ? on savoure
du riz mêlé de viande et d'autres assai-
sonnements ; le feu de l'amour s'allume-
t-il dans les veines ? on serre tendrement
une femme dans ses bras. L'homme s'ima-
gine à tort qu'il fait bien en combattant
la maladie avec de tels remèdes.

96.

O vénérable Lakshmi [12], accorde tes
faveurs à d'autres et ne cherche pas à me
posséder. Ceux qui sont avides de jouissances, voilà tes esclaves ; mais quel pouvoir as-tu sur ceux qui sont voués au re-

noncement ? Le vase fait de feuilles de palâça [13] cousues ensemble, destiné à recevoir les aumônes est purifié, et je veux désormais vivre en religieux mendiant.

97.

L'âumône n'est pas difficile à obtenir en prenant le chemin suivi par le grand Râma [14], la terre est remplie de fruits, la belle peau d'une gazelle peut tenir lieu de vêtements ; qu'on se réjouisse ou qu'on s'attriste, la conséquence des œuvres reste toujours la même. Qui pourrait abandonner le dieu aux trois yeux (Çiva) pour s'incliner devant un homme qu'aveugle un peu d'or ?

98.

« Est-ce un chandâla [15], un brâhmane, un çûdra [16], un pénitent, un grand ascète dont l'esprit sait pénétrer la vérité suprême ? » — Tandis que le monde parle d'eux et pose ces questions, les sages voués à la vie contemplative suivent leur chemin sans éprouver ni colère ni joie.

99.

Que ceux-là distribuent des malédictions qui en ont toujours à la bouche;

nous, nous sommes incapables d'en donner parce que nous n'en avons point. Il y a en ce monde un proverbe qui dit qu'on ne donne que ce qu'on a; comment faire, en effet, pour fournir une corne de lièvre?

100.

Jadis la science servait à ceux dont le cœur est pur pour dissiper leurs chagrins; avec le temps, les mondains l'ont mise en fuite en se livrant aux jouissances sensuelles; maintenant qu'elle voit les possesseurs d'un lopin de terre mépriser les livres qui l'enseignent, elle s'éloigne, hélas! chaque jour de plus en plus.

NOTES.

PREMIERE PARTIE.

L'AMOUR.

(1) Çiva, Brahmâ et Vishnu sont les trois personnes de la trinité indienne. Çiva est nommé le premier parce que l'auteur, comme nous le verrons, était çivaïte, c'est-à-dire adorateur spécial de Çiva.

(2) Ces grosseurs ou bosses sont un objet fréquent de comparaison chez les poëtes de l'Inde.

(3) Cette stance contient une allusion évidente à la division philosophique des facultés en cinq sens externes : la vue, l'odorat, l'ouïe, le goût et le tact, et un sens interne, le *manas*, qui comprend à la fois le sentiment et la volonté et par conséquent, la pensée. Comp. 1. 87.

(4) Je n'ai pas trouvé dans les auteurs d'histoire naturelle de mention relative à cette particularité du flammant, dont il est souvent question chez les poëtes sanscrits.

(5) Indra était le dieu principal de l'époque védique; dans le brahmanisme postérieur, il a perdu, au point de vue religieux, toute impor-

tance et toute attribution précise au profit de la trinité.

(6) Cette stance, ainsi que quelques autres, paraît avoir accompagné primitivement un dessin auquel elle servait d'explication.

(7) Nous avons ici l'exemple d'un double sens continu; c'est un jeu d'esprit que nous retrouverons assez souvent, dans la stance suivante, par exemple.

(8) La licence grossière de cette stance ainsi que celle de la stance dix-neuf m'en a fait supprimer la traduction.

(9) Comparer avec les diverses stances, relatives, comme celles-ci, aux saisons de l'Inde et aux agréments propres à chacune d'elles, le petit poème descriptif de Kâlidâsa, intitulé *Ritu-Sanhâra* ou le *Cercle des saisons.*

(10) Le kokila est le coucou de l'Inde.

(11) Chaîne de montagnes du Malabar, où croît le bois de sandal.

(12) Nom d'un mois de printemps, le cinquième de l'année indienne.

(13) Dans la nomenclature scientifique, le kutadja est appelé *wrightia antidysenterica* et le kadamba, *nauclea kadamba.*

(14) *Musa sapientum.*

(15) *Pandanus odoratissimus.*

(16) Voir pour l'intelligence complète de cette stance et de toutes celles du genre philosophique et religieux mon *Étude sur les poètes sanscrits, Bhartrihari, les Centuries.* Paris, Maisonneuve et Cᵢᵉ, 1871.

(17) Divinités mythologiques d'ordre inférieur, épouses des Gandharvas; elles ont été souvent comparées aux nymphes de la mythologie classique et, comme on le voit, elles ne sont pas non

plus sans analogie avec les Houris du paradis de Mahomet.

(18) Chaîne de montagnes qui traverse l'Inde de l'est à l'ouest.

(19) *Perdix rufa.*

(20) Il s'agit ici non de Brahmâ (masculin), l'une des personnes de la trinité indienne; mais le Brahma (neutre), conception philosophique de l'être universel ou de la divinité considérée au point de vue du panthéisme spiritualiste. Voir mon *Étude sur les poëtes sanscrits.*

(21) Cette stance fait allusion à la division adoptée par l'auteur, ou plutôt elle a servi à indiquer l'arrangement très-artificiel sous lequel les distiques de Bhartrihari nous sont parvenus.

DEUXIEME PARTIE.

LA MORALE.

(1) Nous avons là une sorte de définition de l'être universel ou Brahma (neutre).

(2) D'après la tradition, cette stance aurait été inspirée au poëte par des circonstances personnelles. Les mots en italique indiquent ici et ailleurs les quelques mots ajoutés à la traduction littérale du texte sanscrit pour la rendre plus intelligible.

(3) Sorte de poisson sur lequel on n'est pas fixé. MM. Bœthlingk et Roth (*Sanskrit Wœrterbuch*) pensent que c'était peut-être un dauphin.

(4) Expression proverbiale pour indiquer un objet introuvable.

(5) *Acacia sirissa.*

(6) Voir pour ces détails mythologiques sur la descente du Gange, *Mahâbhârata*, III, 8831 et *seqq*.

(7) Préjugé sur l'erreur duquel il est inutile d'insister.

(8) Râhu est un démon qui se mêla subrepticement aux dieux, lors du barattement de l'océan et de la production de l'ambroisie. Trahi par le soleil et la lune, Vishnu lui coupa la tête qui, ayant goûté à l'ambroisie, demeura immortelle et se venge de temps en temps de ses délateurs en les dévorant; de là les éclipses d'après la mythologie indienne.

(9) Autre légende mythologique, à l'égard de laquelle on peut voir en particulier le *Mahâbhârata*, 1. 1566 et *seqq*. et le *Harivamça* 6766 et *seqq*.

(10) Mainaka était un mont, fils de l'Himâlaya, qui n'échappa au sort des autres montagnes, auxquelles Indra coupa les ailes avec ses foudres, que pour tomber dans l'océan.

(11) Fable minéralogique qui succède aux fables mythologiques.

(12) Arbre fabuleux qui produit tout ce qu'on désire.

(13) Le crâne de chaque homme portait, croyait-on, des caractères indiquant le sort qui l'attendait.

(14) Montagne mythologique qui était entièrement d'or.

(15) Nouveau préjugé d'histoire naturelle.

(16) Autre préjugé du même genre.

(17) Ici l'observation exacte se mêle au préjugé.

(18) Comparez, 11. 28.

(19) Le ciel, l'atmosphère et la terre.

(20) Le prêtre et le défenseur des dieux quand ils étaient attaqués par leurs ennemis.

(21) Éléphant fabuleux qui servait de coursier à Indra.

(22) *Ægle marmelos.*

(23) *Capparis aphylla.*

(24) *Cuculus melanoleucus*; cet oiseau passait pour ne boire que les gouttes de pluie qui lui tombaient dans le bec.

(25) Divinité qui a fini par s'identifier à Çiva, dont son nom est ici le synonyme.

(26) *Calotropis gigantea.*

(27) *Paspalum scrobiculatum.*

TROISIÈME PARTIE.

LE RENONCEMENT.

(1) Longueur de deux milles géographiques et, selon d'autres, de deux milles et demi anglais.

(2) Génies aériens qui accompagnent Çiva.

(3) Il s'agit de la science de l'être universel, grâce à laquelle on s'identifie avec lui. Voir mes *Études sur les poètes sanscrits.*

(4) Le dieu de la mort.

(5) Ces sages sont les Rishis ou les héros primitifs, prêtres et poëtes auxquels sont attribués les hymnes védiques.

(6) Sorte de talisman qui procurait, disait-on, tout ce qu'on désirait.

(7) Nous avons là l'énumération des cinq éléments admis dans la cosmogonie et la physique des Indiens.

(8) Fille de l'Himâlaya qui devint la femme de Çiva.

(9) Mot-à-mot « triple ville »; trois forteresses

d'or, d'argent et de fer, bâties par un démon que Çiva anéantit par le feu. Voir *Mahábhárata*, vii. 9555 et *seqq.*

(10) Un des noms de Çiva.

(11) *Cyprinus sophore.*

(12) Déesse de la fortune.

(13) *Butea frondosa.*

(14) Héros principal du célèbre poème intitulé le *Rámáyana.*

(15) Désignation sous laquelle on comprenait les individus composant le rebut de la société indienne ou les personnes hors caste.

(16) Les Çûdras formaient la quatrième et dernière caste dont les membres vaquaient aux œuvres serviles.

TABLE.

Imprimerie EUGÈNE HEUTTE et Cie, à Saint-Germain.